El cerebro musical

Primera edición: enero de 2025
Segunda edición: junio de 2025
Tercera edición: abril de 2026
Título original: *Le cerveau et la musique,* escrito por Michel Rochon.

© Éditions MultiMondes inc., 2018
© de la traducción, Claudia Casanova, 2025
© de esta edición, Futurbox Project, S. L., 2026

Diseño de cubierta: Taller de los Libros
Imagen de cubierta: robinbd338 - Freepik
Corrección: Darío Méndez, Sofía Tros de Ilarduya

Publicado por Ático de los Libros
C/ Roger de Flor n.º 49, escalera B, entresuelo, oficina 10
08013, Barcelona
info@aticodeloslibros.com
www.aticodeloslibros.com

ISBN: 978-84-19703-78-1
THEMA: AV
Depósito Legal: B 1152-2025
Preimpresión: Taller de los Libros
Impresión y encuadernación: Liberdúplex
Impreso en España — *Printed in Spain*

La traducción de esta obra fue posible gracias al apoyo financiero de la Société de développement des entreprises culturelles du Québec (SODEC).

Michel Rochon

El cerebro musical

Un viaje a través de
notas y neuronas

Traducción de
Claudia Casanova

ÁTICO DE
LOS LIBROS

Barcelona - Madrid

A Claire,
mi amor, mi musa
y mi inspiración...

Índice

Prólogo

Del Big Bang a los cíborgs, pasando por la epigenética, aquí el lector emprenderá una aventura científica y médica en el extraordinario mundo de la música. Es un tema ambicioso que he intentado abordar con la mayor sencillez, en forma de reflexiones.

Nuestra relación cotidiana con la música la convierte en un elemento muy frecuente en nuestras vidas que solemos dar por sentado: de una forma u otra, casi todos somos adictos a esta droga blanda que nos embriaga y afecta de muchas maneras.

Este libro atestigua el estrecho vínculo entre arte y ciencia, que se remonta a los albores de la humanidad. Lo que he descubierto al escribir este ensayo es que la cultura científica nos demuestra una vez más que la música forma parte de la cultura en el sentido más amplio de la palabra. Sin embargo, nuestra sociedad no le suele reconocer su verdadero valor. La comprensión que ofrece la ciencia sobre los orígenes de la música, la forma en que nos afecta, su naturaleza física y nuestros esfuerzos históricos por cultivarla demuestra que es un elemento trascendental en nuestra cultura.

En las siguientes páginas el lector descubrirá cómo funciona el cerebro cuando escucha y toca música. Este conocimiento nos ayuda a entender mejor la revolución musical en curso, y también a comprender cómo la inteligencia artificial está cada vez más entrelazada con la música y cómo los expertos pueden orientar la investigación en musicoterapia con mayor precisión. A lo largo de esta obra se hablará largo y tendido sobre la armonía de las esferas. Para mí, este concepto filosófico sintetiza perfectamente la cuestión: la música, como el cuerpo humano, es armonía. ¿Y no es función de la música hacer nuestra vida más armoniosa?

Cuento la historia de este gran fresco sonoro a través del prisma de mi vida. Soy un fisiólogo, músico y periodista científico-médico que ha reflexionado sobre los misterios de la música durante toda su vida. ¿Por qué la música nos afecta tanto a todos? Los pasos de gigante que ha dado la ciencia durante las últimas décadas nos ofrecen ahora una imagen cada vez más precisa de cómo nos mueve la música.

También exploro por qué tantos médicos e investigadores se han sentido fascinados por la música desde hace mucho tiempo. Esta pasión milenaria sigue muy viva, y motiva a los científicos a mejorar su comprensión tanto de la función que la armonía de los sonidos ha desempeñado en la evolución de la humanidad como de la manera en que afecta a nuestro cerebro. También se estudia el empleo del sonido para tratar a los enfermos, terapia cada vez más frecuente.

La mayor dificultad ha consistido en hacer este tema accesible a todo el mundo. La divulgación exige rigor: un fino equilibrio entre la profundidad y la simplificación excesiva. Neurocientíficos, musicoterapeutas, médicos y músicos por igual encontrarán que faltan algunos detalles y que no se cubren muchos temas. Mi objetivo, sin embargo, es que triunfen la música y la ciencia, y que sus conocimientos se abran al mayor número de personas posible. Espero que este libro permita al lector descubrir con nuevos oídos una de las mayores creaciones de la humanidad.

Michel Rochon
Montreal, marzo de 2018

Silencio en el universo

La nada.

Entonces, hace unos catorce mil millones de años, todo apareció en un estallido primordial: energía, espacio, tiempo y materia. Al menos, así lo describe la famosa teoría del Big Bang. Lo que resulta aún más extraordinario es que el nacimiento de nuestro universo, con su incomparable complejidad y su asombrosa extensión, más allá de todo entendimiento, se produjo en silencio.

Ni un sonido...

Todo se agitó durante los segundos, minutos, horas y días que siguieron. Luego, con la formación de la materia y el transcurso de unos cientos de miles de años, se originaron las primeras galaxias: partos violentos que emitieron una miríada de ondas electromagnéticas..., pero ningún sonido. Seamos

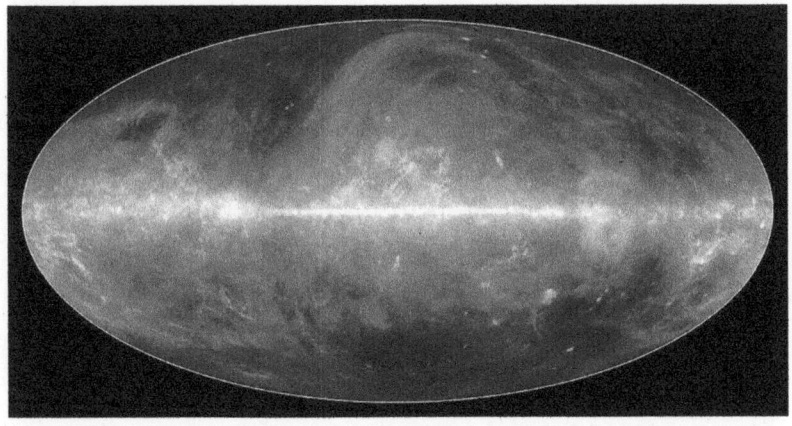

Foto de la Vía Láctea, 380 000 años después del Big Bang. Un mundo que nació en silencio, sin ondas sonoras. La imagen fue capturada por el satélite Planck.

claros desde el comienzo: una onda sonora es una variación de presión en un gas o un líquido. El vacío interestelar, en cambio, es silencioso. Las ondas electromagnéticas que viajan por él a la velocidad de la luz, desde las microondas hasta los rayos gamma, no son perceptibles para nuestros oídos. Habrá que esperar mucho tiempo, tal vez cientos de millones de años, para que aparezcan planetas como el nuestro, con atmósfera y agua que permitan producir ondas sonoras.

Música de contacto

Así pues, comenzamos nuestra exploración con una observación fundamental: en el momento de la creación de nuestro universo, no había nada que se pudiera oír. A lo largo de las próximas páginas, guiaré al lector en un viaje a través del tiempo en el que comprenderá el maravilloso y largo proceso que condujo a la aparición de la música, su creación, la forma en que la percibimos y su futuro en un mundo cambiante.

En pocas palabras, la música producida por los seres humanos es una serie organizada de ondas sonoras que se desplazan por el aire. Esto plantea una pregunta legítima desde una perspectiva cósmica: ¿puede o podría existir la música en otro lugar que no sea el planeta Tierra?

Plantearse esta cuestión es también preguntarse por la existencia de vida en otros lugares del universo. Para intentar responder a esta pregunta, hace veinticinco años me adentré en el corazón de un bosque de Nueva Inglaterra. En un pequeño laboratorio, al pie del viejo, pero majestuoso radiotelescopio de Oak Ridge, conocí a Paul Horowitz, astrofísico de la Universidad de Harvard; un científico sin paragón y pionero apasionado de la búsqueda de vida extraterrestre. Con su amigo Carl Sagan, astrofísico y divulgador excepcional, se embarcó en la aventura del SETI para buscar inteligencia extraterrestre. Durante toda su vida, Horowitz ha escuchado y escudriñado los cielos con la esperanza de poder captar el mensaje de otra civilización algún día.

Este hombre afable y locuaz es mi enlace para comprender mejor el proyecto que inició con Carl Sagan, reconocido como uno de los fundadores de la exobiología. Este astrofísico se hizo famoso con su serie de televisión *Cosmos* y su novela *Contacto,* que Hollywood llevó a la gran pantalla.

Cuando nos conocimos, Paul Horowitz me explicó que él y su colega Sagan fueron de los primeros en defender que la música es una forma de expresión fundamental de la identidad humana. Ambos afirman que, si existieran formas de vida extraterrestre avanzadas, ya habrían inventado la música o, al menos, serían capaces de entender la nuestra.

Nuestra música ha abandonado el sistema solar

Por este motivo, las sondas espaciales *Voyager 1* y *Voyager 2* partieron de la Tierra en 1977 con un disco provisto de una amplia selección musical. El objetivo de estas sondas era estudiar los planetas Júpiter, Saturno, Urano y Neptuno, y se preveía que el viaje no tuviera fin. Debían abandonar el sistema solar como si fueran botellas lanzadas al océano cósmico con un mensaje.

Además de los dibujos grabados en una placa que representan al ser humano y los elementos de nuestra ciencia, junto con las coordenadas que indican nuestra posición en el universo, Carl Sagan colocó un disco —el *Voyager Golden Record*— con la selección musical más significativa de la humanidad: desde la danza sacrificial de *La consagración de la primavera* de Ígor Stravinski hasta «Johnny B. Goode» de Chuck Berry, pasando por la música tradicional de todas las culturas y civilizaciones. Una muestra sonora de lo que somos.

La sonda Voyager 1 abandonó nuestro sistema solar el 22 de agosto de 2012 y la Voyager 2 la siguió para embarcarse en un largo viaje interestelar. Ambas portaban ese mensaje musical. Mientras escribo estas líneas las sondas siguen operativas y enviando señales: se espera que continúen así hasta 2025.

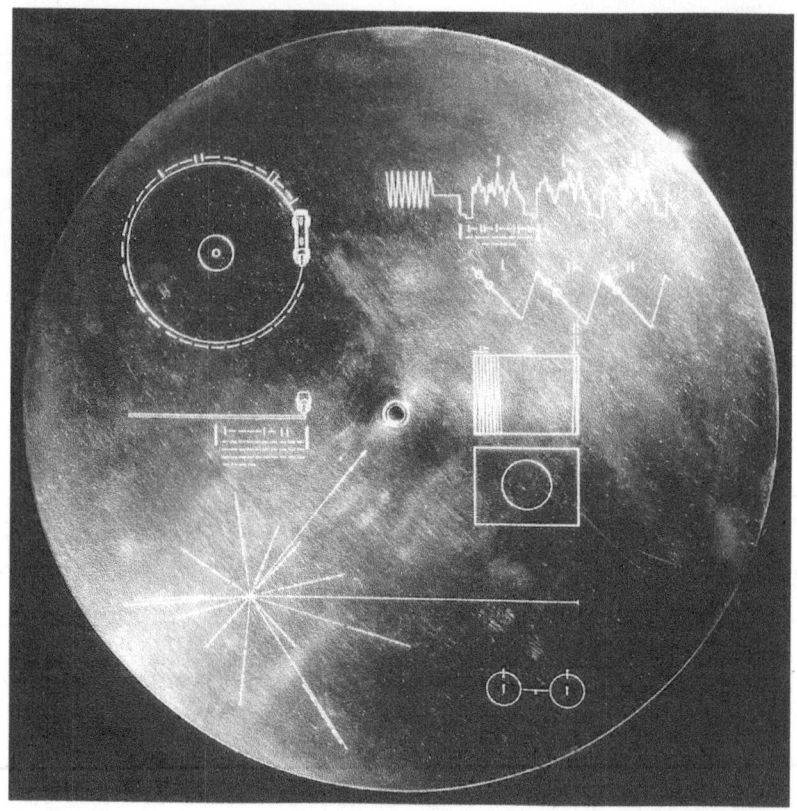

El disco de oro de las *Voyager* colocado a bordo de las sondas *Voyager* 1 y 2. Este disco, que contiene grabaciones de la música más importante de la humanidad, viaja ahora más allá del sistema solar.

A la larga, los científicos les dieron la razón a Carl Sagan y Paul Horowitz. Aunque muchos investigadores juzgaban la existencia de ovnis procedentes de civilizaciones extraterrestres un desvarío, estaban convencidos, no obstante, de que en otros lugares del universo se daban las condiciones necesarias para que surgiera la vida. Hoy en día, los astrónomos estiman que existen unos cuarenta mil millones de exoplanetas —planetas fuera de nuestro sistema solar— en el universo... y, quizá, otras tantas sinfonías que nunca hemos escuchado y que, desgraciadamente, jamás escucharemos porque actualmente no tenemos medios para salvar la distancia que nos separa de ellas.

Escuchar la música del cosmos

Sin embargo, aunque los astrofísicos aún no han percibido ninguna señal de una civilización extraterrestre, a varios se les ha ocurrido la idea de transformar las ondas electromagnéticas en ondas sonoras. Lo que descubren es fascinante. Los púlsares, las galaxias, las supernovas y los sistemas planetarios producen ondas con estructuras que se parecen mucho a la música.

La pionera de esta técnica es una mujer con una emotiva historia. Wanda Díaz-Merced nació hace unos cuarenta años en una familia pobre de Puerto Rico. De niña soñaba con ser astronauta y le apasionaba la astrofísica. Sin embargo, Wanda padecía diabetes juvenil, lo que le afectó progresivamente a la vista hasta dejarla ciega cuando estudiaba Astrofísica en la universidad. Ya no podía ver las estrellas ni leer los datos de sus observaciones con el telescopio. Su sueño se resquebrajó.

A pesar de todo, no se desanimó, al contrario, con poco más de veinte años, aprovechó su discapacidad para redefinir la forma de estudiar las estrellas. Como especialista en supernovas —esas impresionantes explosiones de estrellas— decidió transformar en ondas sonoras sus observaciones de las ondas electromagnéticas que emanan de las supernovas.

Lo que descubrió fue, cuando menos, sorprendente. No hay ningún compositor involucrado, ningún intérprete con instrumentos: todo lo hace la propia naturaleza, la cual parece modular las ondas con una estructura parecida a la de la música.

Como dice la propia Wanda, estos sonidos organizados le ofrecen una nueva perspectiva de los fenómenos que antes estudiaba solo con los ojos. La transformación sónica de tales fenómenos le permite escuchar cómo varía la intensidad de las señales procedentes de los púlsares. Pone como ejemplo el sistema de estrellas binarias EX Hydrae, situado a doscientos diez años luz. Oír las pulsaciones producidas por la interacción de ambas estrellas le permitió detectar anomalías que el modelo sobre el comportamiento de estas estrellas no podía predecir en esa época.

Como ocurre en la inmensa mayoría de las disciplinas científicas, su discapacidad la obligó a oír los fenómenos en lugar de verlos. Su trabajo abre nuevas vías de investigación.

La música de los exoplanetas

El astrofísico Matt Russo desarrolló estas perspectivas aún más. Cuando trabajaba como becario posdoctoral en el Instituto Canadiense de Astrofísica Teórica de Toronto, consiguió desarrollar un modelo musical para comprender mejor cómo funcionan los sistemas planetarios.

El proyecto de Matt Russo, llamado System Sounds, se centró en un sistema planetario —Trappist-1— descubierto recientemente a una distancia de treinta y nueve años luz (es decir, 370 500 millones de kilómetros). Este sistema está formado por siete planetas del tamaño de nuestra Tierra, algunos de los cuales serían buenos candidatos para contener agua. Transformando el tamaño de las órbitas de cada planeta en frecuencias precisas, y la duración de sus órbitas en pulsos rítmicos, Matt Russo descubrió estructuras armónicas y rítmicas que recuerdan a la música que podrían haber compuesto los minimalistas Philip Glass o Steve Reich.

La distancia recorrida por cada planeta en su órbita determina las notas de esta partitura planetaria y sus intervalos de sonido. Cuanto más corta es la órbita, más aguda es la nota y más rápido el ritmo; cuanto más larga es la órbita, más grave es la nota y más lento el ritmo. Al superponer las notas y los ritmos de los siete planetas, Russo creó una pieza musical muy convincente y agradable. Es una especie de «música de las esferas» que habría deleitado a los filósofos, astrónomos y matemáticos griegos, pues todo remite a lo que ellos llamaban la armonía de las esferas.

La armonía de las esferas

La armonía de las esferas es una teoría según la cual el universo se rige por relaciones numéricas armoniosas. Esta teoría afirma que las distancias entre los planetas corresponden a intervalos musicales. El matemático y astrónomo griego Filolao fue el primero en sugerir, hacia el año 400 a. C., que el universo se rige por relaciones numéricas armoniosas. Filolao argumentaba que todo gira en torno a las tres consonancias de la música: la octava, la cuarta y la quinta (notas de la escala).

No obstante, el gran filósofo Platón fue más allá. Según su teoría, la «música celeste» consiste en una escala, ascendente o descendente, en la que la distancia entre nuestro planeta y las estrellas determina los intervalos. La distancia entre la Tierra y la Luna se convierte entonces en la unidad principal, y las distancias entre la Tierra y los demás astros son múltiplos de esta: 2 para el Sol, 3 para Mercurio, 4 para Venus, 8 para Marte, 9 para Júpiter y 27 para Saturno. A partir de estas proporciones, Platón confirmó las proporciones consonantes de la música: la octava, la cuarta (4/3) y la quinta (3/2).

Esta teoría no resiste nuestros conocimientos científicos actuales, porque esas distancias interplanetarias son evidentemente erróneas. Incluso su discípulo, Aristóteles, se dio cuenta de que, a pesar de su elegancia, la «armonía de las esferas» no admitía un análisis riguroso. Según afirmaba, no se puede pensar que los astros en movimiento emitan un sonido armónico. Tampoco podemos oír esos intervalos de sonido desde el momento en que nacemos.

Sin embargo, casi dos mil años después de estas reflexiones, un gran astrónomo, Johannes Kepler, revivió la antigua teoría, esta vez con mediciones más precisas que la apoyaban. En 1619 escribió un tratado, el *Harmonices mundi (La armonía del mundo),* sobre la velocidad de rotación de los planetas. Sorprendentemente, las proporciones que arrojaron sus cálculos confirmaban la existencia de la tercera, la quinta y la octava.

Después de él, otros investigadores propusieron modelos planetarios cuyas proporciones enfatizaban la armonía. En 1766, el astrónomo alemán Johann Daniel Titius aventuró la hipótesis de que el radio de las órbitas planetarias se basaba en una progresión geométrica. En 1772 otro astrónomo, Johann Elert Bode, retomó y mejoró esta idea, que se convirtió en la ley de Titius-Bode. Sin embargo, cuando se descubrió Neptuno en 1846, estas proporciones dejaron de aplicarse a este planeta. La única persona que obtuvo una armonía perfecta para el sistema planetario fue el cristalógrafo Victor Goldschmidt en 1910. Tomó la distancia de Júpiter al Sol como unidad astronómica básica y consiguió calcular la armonía musical a partir de las distancias entre los planetas.

De la armonía en la naturaleza a la armonía musical

Hoy los científicos siguen hallando la armonía en las estructuras de los sistemas solares, los púlsares y las estrellas binarias. La transformación de los datos en ondas sonoras confirma que la música cultivada por el ser humano reproduce la de la naturaleza.

Hemos recorrido un largo camino desde el Big Bang: del silencio al éxtasis musical de un organismo vivo que imagina, produce y experimenta los sonidos organizados y vibrantes que conforman la música. La clave de este fenómeno está en nuestro cerebro.

Esta observación abre la puerta a muchas preguntas: ¿por qué, en efecto, el cerebro humano distingue entre sonidos armoniosos y no armoniosos, tanto en la naturaleza como en su música? ¿Cómo ha evolucionado el cerebro humano para ser capaz no solo de percibir dicha música, sino también de asociarla a emociones, recuerdos e ideas?

Captar los sonidos de la Tierra

«[...] ¡una oreja, ese extraño apéndice del rostro!».
Henry Miller

Puede que el gran escritor estadounidense Henry Miller tenga razón: la oreja es una amalgama muy particular de cartílago, ligamentos y músculos. Sobre todo, es una maravilla, cuyo desarrollo y perfeccionamiento a lo largo de los milenios han resultado de gran utilidad para muchos animales: gracias a las ondas sonoras que viajan por nuestra atmósfera, pueden saber rápidamente si un depredador se halla al acecho, si un rival está cerca, si el río en el que saciarán su sed se encuentra aún lejos. Para todos los animales, incluidos los seres humanos, el oído y la audición son poderosas herramientas de supervivencia.

Antes de que el cerebro las descodifique y analice, las ondas sonoras entran en el cuerpo primero a través del pabellón auricular, la oreja. Por su forma de embudo, el oído capta determinadas frecuencias sonoras y las amplifica antes de llegar al tímpano. Esta amplificación no es baladí, ya que aumenta el volumen de las ondas de los sonidos cotidianos entre diez y quince decibelios. Nuestros dos oídos facilitan una percepción estereofónica que nos permite localizar un sonido en el espacio con bastante precisión. Quien tenga un perro sin duda habrá observado que puede orientar sus orejas a su antojo, e incluso independientemente una de otra.

El *Homo sapiens* ha perdido esta capacidad, aunque algunos individuos consiguen realizar modestas hazañas. La posibilidad de orientar los oídos afina aún más el efecto de la estereofonía y la localización del sonido en el espacio. Lo que ocurre una vez que el sonido entra en los oídos ha sido un misterio durante mucho tiempo.

Los orígenes de la audición

La capacidad de percibir las vibraciones sonoras apareció muy pronto en nuestro desarrollo evolutivo. Las primeras formas de vida oceánicas percibían, a través de su estructura ósea, las ondas sonoras que se transmitían por el agua. Los peces cuentan con un doble sistema auditivo. En primer lugar, la línea lateral situada a lo largo de su cuerpo percibe los sonidos emitidos cerca del animal. Además, disponen de un segundo sistema auditivo más complejo: un oído interno ubicado en las primeras vértebras. Así pues, los animales ya tenían un sistema auditivo rudimentario cuando conquistaron la tierra.

Recientes descubrimientos del biólogo Christian Christensen, de la Universidad de Aarhus (Dinamarca), confirman esta hipótesis. El investigador ha estudiado el pez pulmonado africano, que es el pariente más cercano de los primeros tetrápodos que aparecieron en tierra firme, hace trescientos cincuenta millones de años. Este pez, que guarda un asombroso parecido con las anguilas del río San Lorenzo, carece de oídos externos o medios y, por tanto, de tímpanos con los que percibir las diferencias de presión atmosférica cuando se emite un sonido. Christensen ha demostrado que las bajas frecuencias actúan directamente sobre la cabeza y el cerebro, y que el pez las detecta sin ayuda de un sistema auditivo.

También descubrió que las salamandras jóvenes, cuya primera etapa de vida transcurre en el agua, detectan sonidos del aire aunque no dispongan de oídos externos ni internos. Este descubrimiento es ciertamente extraordinario, dado que, por lo general, los tejidos reflejan el 99,9 por ciento de la energía sonora. En otras palabras, solo el 0,1 por ciento de la onda sonora es perceptible para el animal. Sin duda, esta excepcional capacidad permitió a los primeros animales terrestres sobrevivir a los depredadores. Poco a poco, en el transcurso de los cien millones de años siguientes, los animales desarrollaron un oído medio y luego un oído interno, lo que permitió que la señal sonora penetrara en el animal y se descodificara.

Cuando los primeros reptiles pusieron sus huevos en tierra, pasaban la mayor parte del tiempo explorando su entorno. Su capacidad para percibir vibraciones de baja frecuencia con el cuerpo —idéntica a la que siguen teniendo las serpientes cuando reptan por el suelo—, y luego más variedad de frecuencias —como en el caso de lagartos y cocodrilos— no dejó de aumentar.

La siguiente mejora evolutiva importante que contribuyó a aumentar la capacidad auditiva fue la aparición de extremidades. Uno de los antepasados de los mamíferos, el *Pristerodon mackayi*, desarrolló unas extremidades inferiores cada vez más prominentes, lo que precipitó el surgimiento de una mandíbula compleja; a su vez, esto favoreció que los huesecillos del oído interno se desarrollaran para percibir mejor el sonido. Como la cabeza ya no estaba a ras de suelo, el cerebro ya no percibía los sonidos directamente: la función de estos huesecillos es trasladar la señal sonora del tímpano a la cóclea para desencadenar una señal eléctrica que llegue al cerebro.

Audición en vertebrados

Los fósiles descubiertos durante el último siglo han permitido describir con precisión el desarrollo de las estructuras del oído interno. Los esqueletos de distintos animales muestran cómo la selección natural les permitió percibir mejor las altas frecuencias.

Todo este proceso tiene que ver con cambios óseos, que condujeron a la articulación de las mandíbulas superior e inferior en los reptiles. Esto generó el martillo y el yunque en el oído de los mamíferos, para que la audición no comprometiese la capacidad de morder y masticar. Los vertebrados que percibían estas frecuencias tenían más posibilidades de sobrevivir: cuando los depredadores acechaban movían hojas y ramas, lo que emite sonidos de alta frecuencia. Además, los primeros mamíferos eran animales pequeños, insectívoros nocturnos. La combinación de estos dos factores favoreció la evolución de un sistema auditivo diseñado para detectar los sutiles sonidos de alta frecuencia provocados por el movimiento invisible de los insectos.

La audición de los seres humanos

La audición de nuestros antepasados lejanos evolucionó a partir de la simple percepción vibratoria del sonido, capacidad que ya poseían cuando emergieron del mar hace trescientos cincuenta millones de años.

La evolución nos ha dotado de un sistema auditivo con el que responder a los estímulos de nuestro entorno, estímulos que permitieron a nuestros antepasados encontrar comida y protegerse de los depredadores. Aún podemos disfrutar de ese inmenso catálogo sonoro durante un largo paseo por el bosque. Al final de este libro, exploraremos el canto de los animales como medio de comunicación, así como su evolución en el reino animal.

Hace cien mil años, nuestros cerebros ya estaban maduros fisiológicamente para recibir y descodificar los nuevos sonidos musicales en todo el espectro de frecuencias e intensidades. Los seres humanos —que creían en la fuerza y el poder de los sonidos sistemáticos, rítmicos y cantados— desarrollaron estos sonidos y los refinaron gradualmente hasta convertirlos en lo que hoy llamamos música.

Poseemos, pues, un dispositivo muy complejo que combina anatomía y fisiología de forma extraordinaria.

Mirar en el interior del oído

Sin embargo, hubo que esperar hasta 1789 para que el trabajo del anatomista italiano Antonio Scarpa arrojara luz sobre la compleja estructura interna del oído humano. Combinando un gran sentido de la observación con su talento para el dibujo, Scarpa fue el primero en ver y describir con detalle las estructuras internas del oído, así como en postular un mecanismo destinado a transferir las ondas sonoras desde el tímpano a las estructuras internas.

En su ciudad natal, Pavía, en Lombardía, Scarpa tenía un amigo noble que deseaba convertir a su hijo, Alfonso Corti, en todo un marqués. No obstante, el joven quedó tan fascinado por los trabajos y descubrimientos del amigo de su padre, que decidió estudiar Medicina y convertirse en un científico-aristócrata de gran talento.

En efecto, descubrió el órgano de la percepción auditiva que hoy lleva su nombre, el órgano de Corti. Este minúsculo elemento de nuestra cóclea, como veremos más adelante en este capítulo, transforma la señal sonora en una señal eléctrica que luego viaja hasta el cerebro.

El verdadero despegue de la ciencia auditiva se produjo a finales del siglo XIX, entre 1875 y 1900. Fue la edad de oro de la comprensión de los mecanismos sonoros, pero sobre todo de la utilización del sonido para comunicar, lo que revolucionó el mundo de la música y la comunicación.

En aquella época, todo el mundo se interesaba por la audición. Estos son algunos de los individuos más famosos dedicados a la fascinante empresa científica de entender la anatomía del sistema auditivo humano: Alexander Graham Bell, inventor del teléfono; Thomas Edison, quien desarrolló el fonógrafo, y los inventores Nikola Tesla y Guglielmo Marconi, que idearon la radio. Así empezó todo. Gracias a estas nuevas tecnologías, la voz y la música pudieron oírse en todo el mundo y, por primera vez, viajaron por el espacio no a la velocidad del sonido, ¡sino a la de la luz! Este hecho nos permite escuchar música en todo el mundo a través de ondas de radio: aunque hoy tendemos a dar esto por sentado, la innovación de transformar la onda sonora en una onda electromagnética y luego de nuevo en una onda sonora resultó crucial. Mientras que una onda sonora viaja por el aire a 1224 kilómetros por hora, una onda electromagnética lo hace a 300 000 kilómetros por segundo.

Descubrir la complejidad de la audición

Como fisiólogo, no puedo sino maravillarme ante el trabajo de varios investigadores punteros que nos permiten comprender cómo el oído percibe las ondas sonoras y luego las transforma en corrientes eléctricas en el cerebro. El pabellón auricular externo no es más que la puerta de entrada de las ondas sonoras en nuestro cuerpo. Lo que se desarrolla después en el oído medio e interno es asombroso.

Ese desarrollo resulta uno de los sistemas más complejos que existen: transfiere las ondas sonoras a una primera membrana, el tímpano, que mueve mecánicamente tres huesecillos, el martillo, el yunque y el estribo. A continuación, este último hueso envía las ondas a otra membrana en espiral situada en el interior de la cóclea. Cada frecuencia ocupa su lugar específico en esta membrana y desplaza los cilios adheridos a ella bajo su superficie. Estos cilios forman parte de las quince mil células ciliadas. Un sonido hace que un grupo de cilios se mueva y desencadene señales eléctricas, que viajan desde el nervio auditivo hasta el cerebro.

Estamos, pues, ante todo un mecanismo biológico que transpone un fenómeno físico, la onda, en una señal inteligible para un organismo vivo: a lo largo de un continuo ininterrumpido, una onda deriva en movimientos mecánicos y estos en un impulso eléctrico que, finalmente, el cerebro analiza. No hay nada tan sofisticado en el universo conocido. Los descubrimientos

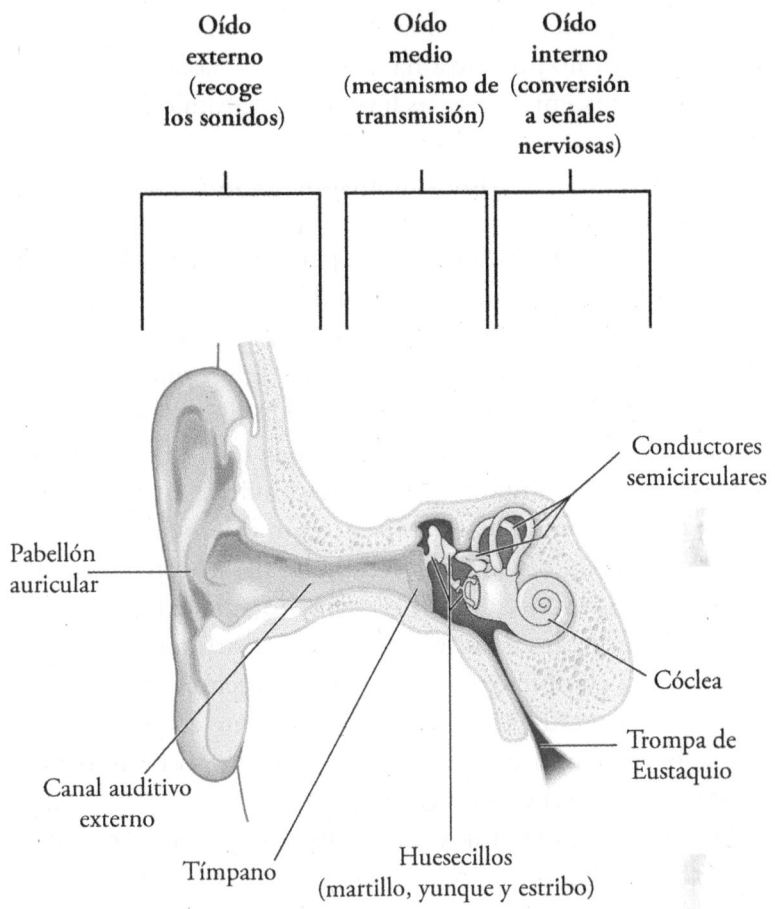

| Oído externo (recoge los sonidos) | Oído medio (mecanismo de transmisión) | Oído interno (conversión a señales nerviosas) |

Conductores semicirculares

Pabellón auricular

Cóclea

Trompa de Eustaquio

Canal auditivo externo

Tímpano

Huesecillos (martillo, yunque y estribo)

Los oídos externo, medio e interno forman un órgano de gran complejidad. Esto inicia el viaje de la música y del sonido al cerebro a través del nervio auditivo.

que nos permitieron comprender el mecanismo del oído interno se prolongaron durante más de un siglo.

El caso Von Helmholtz

El alemán Hermann von Helmholtz fue médico, fisiólogo y físico, lo que lo predispuso a explorar la física y el funcionamiento de la percepción humana. Filósofo en sus ratos libres, también desarrolló una filosofía de la ciencia basada en el estrecho vínculo existente entre las leyes de la naturaleza y las leyes de la percepción.

Helmholtz es conocido mundialmente por haber desarrollado importantes teorías sobre la visión y los fundamentos matemáticos de la percepción ocular, pero también dedicó gran atención a la percepción de los sonidos y la música; sintetizó su perspectiva en el libro *Sobre la sensación de tonalidad*, publicado en 1863. También escribió una *Teoría fisiológica de la música* en 1868, que puso patas arriba el mundo de la acústica, especialmente la musical. Por ejemplo, una melodía (fenómeno externo) que llega a nuestros oídos se convierte en percepción cuando nos formamos una representación interna de ella.

Además, sin pretenderlo, Helmholtz desató una auténtica polémica con la invención de su «resonador». Este instrumento permitía identificar todas las frecuencias distintas contenidas en un sonido complejo. Combinando diferentes resonadores, consiguió reconstruir y generar artificialmente el sonido de las vocales, lo que supuso un descubrimiento importante para la comprensión del lenguaje.

Pues bien, un inventor de origen escocés y canadiense mostró mucho interés por el resonador. No era un inventor cualquiera: Alexander Graham Bell, que no sabía leer alemán, vio el diagrama del resonador y pensó que Helmholtz conseguía que el sonido viajara por el cable que se muestra colgando en el dibujo.

Creyó erróneamente que se trataba de un telégrafo capaz de transmitir señales sonoras. Intentó reproducir la irreal hazaña con una réplica del resonador de Helmholtz, pero sin éxito. En realidad, el cable en cuestión servía para transmitir la corriente eléctrica necesaria para hacer funcionar el resonador.

Bell admitió más tarde que, de haber sabido alemán, tal vez habría seguido por el callejón sin salida de Helmholtz en vez de profundizar en su propia versión del telégrafo que, finalmente, condujo a la invención del teléfono.

El gran Von Békésy

Georg von Békésy fue el hombre que descubrió cómo funciona realmente la audición en el oído interno. Esto le valió el Premio Nobel de Fisiología o Medicina en 1961. Este biofísico húngaro tenía una formación bastante particular, que no le conducía necesariamente a convertirse en un gran investigador de la audición: estudió Química y Física y, antes de la Segunda Guerra Mundial, se trasladó a Escandinavia, donde ocupó diversos puestos de investigación tanto en la industria privada como en universidades.

Antes y durante la Segunda Guerra Mundial, Georg von Békésy trabajó en la oficina de correos de Hungría, donde comenzó a investigar la calidad de las señales de telecomunicaciones. Aquí es donde se interesó por el oído humano porque, según él, la calidad de una señal de audio depende del estado de salud del oído.

Antes y durante la Segunda Guerra Mundial, Békésy trabajó para el servicio postal húngaro y comenzó a investigar la calidad de las señales de telecomunicaciones. Fue entonces cuando empezó a interesarse por el oído humano, porque, al fin y al cabo, la calidad de una señal auditiva depende del estado de salud del oído. Después de la guerra emigró a Estados Unidos. Tras una breve estancia en la Universidad de Harvard, terminó su carrera y sus días en Hawái, en cuya universidad trabajó. Aunque este biofísico era un apasionado de la audición, con los años amasó una impresionante colección de arte asiático que legó a la Fundación Nobel.

La clave de su éxito fue su método para diseccionar los oídos internos de cadáveres humanos, con el que mantenía intactas las delicadas y diminutas cócleas. Mediante un proceso de fotografía estroboscópica, y depositando diminutas escamas de plata en la membrana de la cóclea, pudo verla vibrar a distintas frecuencias sonoras. Comprobó que los sonidos de alta frecuencia hacían vibrar sobre todo la membrana de la base de la cóclea, mientras que los sonidos de baja frecuencia hacían vibrar la membrana del vértice de ese órgano en forma de espiral.

Así pues, llegó a la conclusión de que un sonido —ruido, habla, música— se descompone en la membrana según su frecuencia e intensidad. La membrana descansa sobre miles de cilios que, a su vez, forman parte de las células sensoriales conocidas como células ciliadas. Estas células detectan el movimiento de los cilios en una frecuencia específica. De esta forma, el movimiento de un cilio en respuesta a una frecuencia específica inicia un proceso en la célula sensorial que conduce al desencadenamiento de una señal eléctrica, la cual viaja por el nervio auditivo hasta el cerebro.

La hipótesis de Gold: ¡la cóclea vibra por sí misma!

Aunque sin duda el trabajo de Von Békésy es preciso, no lo explica todo. Un joven investigador llamado Thomas Gold sugirió que la cóclea no puede ser un sistema pasivo que se limita a captar una señal y transmitirla al nervio auditivo. De hecho, es bien sabido que los músicos entrenados tienen un «oído» excepcional. Pueden detectar una nota desafinada en una diferencia inferior al dos por ciento de la frecuencia exacta atribuida a esa nota. Este biofísico, cuya carrera se desarrolló en las universidades de Cambridge, Harvard y Cornell, propuso que la membrana y los cilios de la cóclea actúan como un detector activo de la onda y la amplifican; es decir, son algo parecido a un receptor de radio. De este modo, las frecuencias entrantes se amplifican y destacan del ruido como una señal más clara y fuerte.

En un famoso experimento, Thomas Gold utilizó el *tinnitus* para probar su hipótesis. Casi el diez por ciento de la población percibe estos sonidos, que pueden ser zumbidos, silbidos o pitidos. Las causas del *tinnitus* son múltiples: enfermedades, ciertos medicamentos, traumatismos sonoros, fatiga extrema, traumatismos craneales... La lista es larga. Una de las causas más comunes es el ruido excesivo.

Gold grabó sonidos de *tinnitus,* que él mismo provocaba tras exponer a los sujetos a un ruido excesivo, para demostrar que los cilios y la membrana de la cóclea actuaban como un verdadero amplificador de sonido, lo bastante potente como para que su efecto pudiera medirse. Por desgracia, los equipos disponibles en aquella época (1948) no eran lo bastante sensibles para detectar el sonido producido por la cóclea.

Fue el físico británico David Kemp quien finalmente grabó este sonido en 1978 y confirmó la hipótesis de que las propias células ciliadas pueden hacer vibrar la membrana. Es lo que hoy se conoce como otoemisión acústica o eco de Kemp. Así pues, el oído dispone de su propio mecanismo de retroalimentación, que genera resonancia en el sistema auditivo y hace más precisa la discriminación de los sonidos. Estas otoemisiones acústicas pueden ser espontáneas o desencadenarse por un sonido. Hoy en día se utilizan para las pruebas audiológicas de las personas sordas, especialmente niños con sordera genética, porque sus células ciliadas no producen eco de Kemp.

De los sonidos de la Tierra a las armonías de la música

Cuando escuchamos una pieza musical, las ondas se transforman en una serie muy compleja de impulsos eléctricos que llega al cerebro. Esta corriente eléctrica viaja a varias regiones del cerebro para desencadenar una cascada de reacciones relacionadas con la memoria, las emociones y la cognición.

La aparición del habla y la música

«Si la música ha acompañado nuestras emociones desde
la noche de los tiempos es, sobre todo, porque precede al
lenguaje en la evolución humana. Durante mucho tiempo,
el hombre se expresó a través de melodías, antes de
saber hablar. La emoción musical está, por lo tanto,
literalmente "engramada" en nuestro cerebro arcaico».

Jean-Noël Beuzen, psiquiatra y músico

Lo que nos distingue de otros animales es nuestra capacidad
de comunicarnos mediante el lenguaje. Esto es bien sabido.
Lo que no lo es tanto, y resulta objeto de debate científico, es
la hipótesis de que los primeros humanos se comunicaban a
través de la música incluso antes que con el lenguaje. ¿Podría el
lenguaje ser un subproducto de la música?

El origen de la música según Darwin

El padre de la teoría de la evolución, Charles Darwin, se interesó por la música. En su libro *El origen del hombre y la selección
en relación al sexo,* publicado en 1876, menciona un mecanismo que podría explicar la aparición de la música, así como el
hecho de que su función social revistiera tanta importancia
como para determinar la universalidad de la selección sexual
en los seres humanos. Darwin escribió:

Al tratar de la selección sexual veremos que los hombres primitivos, o mejor, algún antiguo progenitor del hombre, ha hecho probablemente un gran uso de su voz para emitir verdaderas cadencias musicales, como aún lo hace un mono del género de los gibones. Podemos deducir de analogías, generalmente muy extendidas, que esta facultad se ha ejercido especialmente en la época de la reproducción, para expresar las distintas emociones del amor, los celos, el triunfo y el reto a los rivales. La imitación de gritos musicales por sonidos articulados ha podido ser el origen de las palabras que traducen diversas emociones complejas.

Así pues, para Darwin, la música no es más que un instrumento para favorecer la procreación y, en sentido estricto, no tiene ninguna otra función de supervivencia para la especie. En cualquier caso, según Darwin, la música precedió al lenguaje en la historia de la humanidad

Considerar la música como una construcción social y explicar su aparición a partir de la teoría evolutiva plantea varias cuestiones. ¿Es la música un producto de la naturaleza, o una manifestación cultural? Si la música apareció en varios entornos distintos, ¿por qué adopta formas tan diversas y sirve para fines tan variados? Varios investigadores aplican ahora la teoría de los sistemas dinámicos para explicar la invención y el origen de la música. Esta teoría postula que el cerebro, la cultura y el entorno son sistemas en constante interacción, lo que encajaría a la perfección con la música.

En su libro *A Million Years of Music: The Emergence of Human Modernity*, Gary Tomlinson, musicólogo de la Universidad de Yale, propone la teoría biocultural para explicar la aparición de la música hace unos cien mil años. En lugar de enfrentar naturaleza y cultura, Tomlinson integra todos los descubrimientos de la neurociencia cerebral con la biología, el medio ambiente y la teoría de la cognición. El autor sostiene que la música surgió de una interrelación dinámica de factores genéticos, culturales, biológicos y ambientales. Este enfoque tiene la ventaja de no excluir ninguna variable de lo que es esencialmente un proceso multifactorial.

Investigando los orígenes de la música

Hace unos años tuve la suerte de conocer al estadounidense Daniel Levitin, una especie de hombre del Renacimiento que es a la vez neuropsicólogo, músico y antiguo productor de grupos tan famosos como Santana y Steely Dan. Su trayectoria profesional es, como poco, singular: cuando desarrollaba una exitosa carrera con algunos de los estudios más importantes de Estados Unidos, decidió cambiar de rumbo y convertirse en investigador neurocientífico. Ahora dirige el Laboratorio de Percepción, Conocimiento y Dominio de la Música de la Universidad McGill de Montreal. Cuando lo vi en su despacho, pensé que sería la primera —y seguramente la última— vez que admiraría los discos de oro de algunos de los mayores músicos pop de la historia. Sin embargo, a Daniel Levitin le preocupa más el cerebro. Para él, la música supone un modelo perfectamente válido para entender cómo funciona este órgano compuesto de cien mil millones de neuronas.

Daniel Levitin fue de los primeros en plantear la hipótesis de que, durante la evolución humana, el cerebro no desarrolló el lenguaje antes que la música, sino al revés. La música sería, por tanto, la primera herramienta de comunicación humana.

Cada vez son más los investigadores que defienden esta idea. Es el caso del profesor Michael Thaut, de la Universidad de Toronto, quien desde hace tiempo estudia los vínculos entre el ritmo musical y las funciones motoras, entre la música y el movimiento. Además, ha desarrollado la única musicoterapia rigurosa y probada en rehabilitación, en particular para personas que sufren problemas de lenguaje y de motricidad tras un ictus.

Un equipo de especialistas en desarrollo cognitivo infantil, dirigidos por Anthony Brandt, de la Universidad Rice de Maryland, señala que bailar, cantar y jugar son comportamientos innatos que sugieren que el lenguaje es una forma

33

específica de música. Pongamos un ejemplo concreto. Cuando hablo, muevo las manos. Cuando toco música, uso las manos. Cuando escucho música, doy golpecitos con los pies y meneo las caderas, al menos cuando la música me invita. Nuestra motricidad nos lleva a pensar que tal vez exista un vínculo íntimo entre el habla y la música, pues la gesticulación ocupa el centro del proceso de comunicación humana desde el nacimiento.

A partir de la observación inicial de que los niños señalan con el dedo para expresarse, los neurocientíficos han demostrado que las regiones del cerebro responsables del procesamiento del lenguaje están próximas a las responsables de la motricidad manual y facial, y ambas regiones se hallan interconectadas. Más recientemente, han probado que el lenguaje de signos de los hipoacúsicos, que es información visual más que auditiva, se localiza directamente en las regiones del lenguaje.

Música fundamental: el lenguaje de los niños

Existe un fenómeno humano universal: el lenguaje infantil. Se trata de una comunicación íntima entre madre e hijo que se remonta muy atrás en la evolución del *Homo sapiens*. Todas las madres pueden dar fe de ello: es un lenguaje sin palabras, compuesto simplemente de gestos, caricias rítmicas, onomatopeyas cargadas de emoción y melodías.

Curiosamente, el feto humano percibe sonidos veinte semanas antes de nacer, mucho más precozmente que la mayoría de los animales, algunos de los cuales solo empiezan a oír al nacer.

Una chelista me contó que no dejó de tocar en conciertos hasta el momento del parto. La presión directa del instrumento contra su vientre de embarazada era una experiencia única para ella. Observó que el bebé reaccionaba enérgicamente a la música, de distinta manera según el compositor y, por tanto, el estilo. La música de Bach era la que provocaba los movimientos más lentos y suaves del bebé.

La aparición de la música: los primeros instrumentos

El cerebro del *Homo sapiens,* es decir, nuestro cerebro, alcanzó su pleno desarrollo hace entre cincuenta mil y cien mil años. En esa época, el *Homo sapiens* tenía un lóbulo frontal de tamaño suficiente para realizar dos tareas fundamentales: tomar decisiones y fabricar herramientas.

Los descubrimientos arqueológicos más recientes muestran unas flautas relativamente sofisticadas que datan de hace más de cuarenta mil años, la misma época en que el *Homo sapiens* se codeaba con el hombre de Neandertal.

En 2012, unos arqueólogos desenterraron dos flautas en la cueva de Geissenkloesterle, en la región del Danubio alemán, que datan probablemente de hace cuarenta y dos mil o cuarenta y tres mil años.

Estos primeros humanos tomaron decisiones ingeniosas. La primera flauta se talló en hueso, en el cúbito de un cisne, y la segunda en un cuerno de marfil.

La flauta de cisne mide doce centímetros, pero se cree que su tamaño sería de unos diecisiete centímetros. Tiene tres aberturas y produce solo cuatro notas distintas. Suficientes para componer pequeñas melodías, quizá las primeras de la historia de la música.

La famosa flauta de Divje se talló en el fémur de un oso del Pleistoceno, y también data de hace unos cuarenta y tres mil años. La descubrió en 1995 un equipo de investigadores dirigido por Ivan Turk, en Divje Babe, una imponente cueva de Eslovenia. El instrumento cuenta con dos orificios y es posible que tuviera al menos cuatro.

Se la conoce como la «flauta neandertal», pero también podría ser obra del hombre de Cromañón. Algunos especialistas afirman incluso que el objeto no es de origen humano y que los agujeros se deben a la acción de otro animal. En 2011 se hicieron copias en madera y los músicos pudieron tocar notas con ellas. Se descubrió que la flauta original de cuatro agujeros tenía un rango de dos octavas y media.

En cuanto a los primeros instrumentos de percusión, es difícil investigarlos con exactitud. Podemos imaginar que primero se elaboraron con pieles de animales estiradas o troncos huecos de árboles. Sin embargo, nada de esto puede conservarse durante decenas de miles de años, porque esos materiales no tardan en biodegradarse.

Sin embargo, en el yacimiento arqueológico de Mezin (Ucrania) se han desenterrado un par de huesos —un fémur y un omóplato de mamut— que, probablemente, se utilizaron como instrumentos de percusión. Los talló con precisión un martillo de cuerno de reno y están pintados en ocre escarlata, lo que los convierte en auténticos ornamentos rituales. Se han datado en veinticuatro mil años.

Se cree que el desgaste en la articulación se debe a las manos del percusionista, y las marcas de martillo pueden verse en el artefacto expuesto en el Museo del Hermitage, en San Petersburgo (Rusia). Los conservadores del museo han verificado la hipótesis de que esos huesos son instrumentos musicales. Se organizó un concierto bajo la dirección del célebre percusionista ruso Volodímir Ivánovich Kolokolnitov, quien confirmó que era posible reproducir con ellos la música de los primeros pueblos del norte.

La música de los primeros rituales

Nada nos impide pensar que otros instrumentos musicales se inventaran incluso antes. No debemos olvidar que durante el Paleolítico, hacia el 40 000 a. C., aparecieron diversas formas de expresión cultural: joyas, objetos decorativos y, sobre todo, pinturas rupestres. La música, como cualquier otra forma de arte, es una manera de expresar una intención. Se vincula fundamentalmente a las emociones y, con toda seguridad, a los rituales de aquellas sociedades primitivas.

La música surge por medio de dos canales: la voz humana y el ritmo. El sistema auditivo, que se desarrolló y perfeccionó para identificar los sonidos ambientales y favorecer la supervivencia individual y grupal, se sirvió de esa pericia para reproducir estos sonidos, que a continuación los humanos canalizaron en los grandes rituales fundacionales de la caza, la guerra, el juego y el amor. ¿Qué hay más embriagador que imitar y amplificar los ritmos del corazón y entonar cánticos de guerra para armarse de valor y salir de caza?

Los rituales que forjaron nuestro cerebro musical

«Cuando una multitud se precipita hacia un concierto, ¿actúa como nuestros antepasados, quienes se reunían, extasiados, en torno a las ululaciones que, procedentes de las laringes, imitaban el ruido de fondo del mundo y el deseo desgarrador de los cuerpos?».

Michel Serres

Arqueólogos y antropólogos han planteado la hipótesis de que los primeros seres humanos utilizaban la música como herramienta cultural para reforzar la cohesión social. La música sería, por tanto, una poderosa herramienta que demostraría su superioridad sobre los elementos de la naturaleza y cambiaría el curso de la prehistoria…

Hoy en día, la principal teoría que intenta confirmar la neurociencia mediante imágenes de resonancia magnética funcional es que nuestro cerebro cuenta con otro «cerebro musical» en su interior. Este término, desgastado ya por los medios de comunicación, merece algunas aclaraciones. No existe un cerebro musical como tal, sino un conjunto de regiones cerebrales que reaccionan ante la música y analizan sus distintos componentes estructurales —tonos, armonías, ritmos y timbres—, así como las emociones que despiertan, para luego percibir la música como un todo.

Siempre me ha interesado mucho comprender el impacto de la música en nuestro cerebro, y mi encuentro con la neurocientífica Isabelle Peretz hace veinte años fue decisivo. Su larga y fructífera carrera la ha convertido en una de las principales investigadoras en neuropsicología musical. Trabaja en la Universidad de Montreal, pero, hace unos años, con su colega Robert Zatorre, de la Universidad McGill, creó BRAMS, el Laboratorio Internacional para la Investigación del Cerebro, la Música y el Sonido. Hoy se reconoce a este laboratorio por haber revelado varias regiones cerebrales responsables de la

La neuropsicóloga de Montreal Isabelle Peretz, cofundadora de BRAMS, el Laboratorio Internacional de Investigación sobre el Cerebro, la Música y el Sonido, de la Universidad de Montreal y la Universidad McGill. Es reconocida por su trabajo sobre amusia.

percepción musical. Con la misma convicción, Isabelle Peretz plantea la hipótesis de que la música es esencial para la organización social de la humanidad. Tanto es así, que existen razones para creer que la selección natural, uno de los principales mecanismos de la evolución de las especies, actúa sobre la música porque esta favorece la cohesión social y ha permitido a los individuos sobrevivir en sociedad. Compositores de todas las épocas han creado piezas para los grandes acontecimientos que nos unen: música religiosa, militar, amorosa, revolucionaria, canciones de cuna... Esta forma de arte ha aglutinado a la humanidad en torno a las grandes etapas de la vida, tanto individual como colectivamente.

Sorprendentes lenguas sin palabras

Sin embargo, ¿qué se puede comunicar solo con música? Emociones y estados de ánimo, podría responderse. ¿Y si la música pudiera hablar? ¿Y si las melodías puras fueran palabras? Hoy existen pueblos que se comunican y hablan a través de la música, como es el caso de los lenguajes chinanteco y el silbo gomero.

Hay dos pueblos muy distintos que viven en lugares muy diferentes y hablan lenguas muy singulares que tienen algo en común: no se hablan, se silban... El chinanteco lo silba una tribu en las brumosas montañas del norte del Estado de Oaxaca, México. Por su parte, el silbo se utiliza en La Gomera, en las montañas de las hermosísimas islas Canarias.

Mark Sicoli, lingüista de la Universidad de Georgetown, está fascinado por este misterio. No se sabe desde cuándo estos habitantes han utilizado una lengua con una sintaxis sencilla y eficaz basada simplemente en melodías.

Es sorprendente oír a estos hombres comunicarse a través de los grandes espacios usando lo que se conoce como un lenguaje tonal, totalmente musical. Se debe decir que el Estado de Oaxaca, en México, goza de mucha diversidad lingüística. En la región habitan dieciséis grupos étnicos que hablan sesenta y dos dialectos diferentes. El lenguaje silbado se adapta muy bien al tipo de comunicación que exige la lejanía de los pueblos agarrados a las laderas de las montañas, entre ellos, San Pedro Sochiapam. En este pequeño pueblo de trescientas familias solo los hombres se comunican silbando, pero las mujeres también entienden el lenguaje musical. La música que viaja por esas alturas de más de tres mil metros es lo bastante compleja como para transmitir noticias cotidianas, informar del estado de la cosecha o relatar los chismes diarios.

Mark Sicoli, un hombre con un simpático aspecto a lo Indiana Jones, ha descubierto que el silbido contiene varios «tonos», siete en realidad, en función de la distancia a la que se encuentre el interlocutor. Esto requiere una gimnasia en la que intervienen todos los músculos de la parte inferior de la cara, porque, si se quiere alcanzar un potente tono que atraviese montañas, el rostro debe contorsionarse para poder soplar con los dedos en la boca.

De hecho, cada palabra está formada por un conjunto de notas, y casi todas las palabras del lenguaje hablado se transponen al lenguaje musical. Por ejemplo, la frase «Dime, ¿tienes setas comestibles en tu trigal?» se transpone a una melodía precisa con la misma duración que la frase hablada. Además, no faltan los signos de puntuación: el punto, la interrogación y la exclamación.

El lingüista superpuso palabras y silbidos para identificar frases concretas. Descubrió que las palabras encajaban perfectamente en los silbidos. Las melodías, sus intensidades y sus ritmos son absolutamente similares. El chinanteco hablado contiene una veintena de contrastes de tono que también se perciben en los silbidos. Los hombres hablan esa lengua en lugares públicos y en el campo, pero no en casa. Esta situación ha provocado una división entre hombres y mujeres, ya que solo los hombres tienen derecho a silbar.

Mark Sicoli señala que la lengua está amenazada. Actualmente, el Gobierno obliga a los jóvenes a aprender español en vez de la lengua silbada. Por eso, el científico trabaja activamente con el fin de recopilar información sobre este lenguaje musical para la posteridad: su esperanza es que las futuras generaciones de mexicanos puedan devolverlo a la vida algún día.

El silbo gomero: música que imita el lenguaje

En la isla de La Gomera, en Canarias, una comunidad de más de veintidós mil habitantes sigue practicando el silbo gomero, un lenguaje musical silbado. Nadie sabe cuándo llegó este lenguaje silbado a la isla. Lo cierto es que, a diferencia de México, España intervino para salvaguardarlo. Ahora se enseña en las escuelas y se ha incluido en la Lista Representativa del Patrimonio Cultural Inmaterial de la Humanidad de la UNESCO.

Igual que el chinanteco, el silbo es una lengua de comunicación útil en un entorno montañoso, pues su música viaja con facilidad por las alturas. Sin embargo, hay diferencias. El silbo gomero no es una reproducción estricta de la melodía de la lengua hablada, sino una forma reducida del español que conserva solo dos vocales y cuatro consonantes. El silbador varía la duración y el tono de los silbidos utilizando una falange, que sitúa directamente en la boca para amplificar el sonido.

Estos dos ejemplos excepcionales muestran que la música se sigue utilizando hoy en día como lenguaje. Sin embargo, sus orígenes se pierden en la noche de los tiempos. ¿Acaso es la madre de todas las lenguas?

Pero ¿qué es la música?

La organización de los sonidos...

¿Por qué se repiten en el teclado las notas *do, re, mi, fa, sol, la* y *si?* ¿Por qué algunos acordes nos resultan disonantes y otros consonantes? ¿Es esta la única manera de organizar los sonidos para crear música? Siendo aún un joven estudiante de Fisiología en la Universidad McGill, ya sentía una gran curiosidad por comprender las bases físicas de la música, así que me apunté a un curso de psicoacústica de la música. Me preguntaba si debía haber reglas que rigieran el orden de las notas en un piano, porque me parecía demasiado simple.

Lo que aprendí reforzó mi amor por las matemáticas y la música. La música tiene estructuras matemáticas inherentes. La organización y estructura de la materia y las ondas responden a un orden y unas proporciones que, como la mayoría de los fenómenos naturales, la ciencia nos ha ido revelando durante los últimos siglos. Lo mismo ocurre con la música. Todo en ella es matemático y geométrico: las formas, el ritmo y las relaciones tonales entre las notas. Sin embargo, como mi relación con las matemáticas no siempre fue fácil en la escuela, ahorraré al lector las ecuaciones, los gráficos, los ensayos y los análisis. En cambio, me referiré a los maravillosos fenómenos tras estos principios.

43

La armonía de las esferas y las proporciones

Como hemos visto, Platón consideraba la armonía una rama de la física: es lo que hoy llamamos acústica. Pitágoras, por su parte, concebía la música como una ciencia fundamental para el estudio del cosmos, y se tomó la molestia de medir las proporciones matemáticas entre la longitud de una cuerda en vibración, la longitud de una columna de aire y el tamaño de un instrumento de percusión. Así estableció las notas de la escala. Su método para afinar los instrumentos y la voz se utilizó hasta el final de la Edad Media.

Para Pitágoras, la música era una ciencia fundamental en el estudio del cosmos. Midió las proporciones matemáticas que existen entre la longitud de una cuerda vibrante, la longitud de una columna de aire y el tamaño de un instrumento de percusión. Así estableció las notas de la escala. Su método de afinación de instrumentos y voz se utilizó hasta finales de la Edad Media. En este grabado se lo muestra experimentando con flautas de diferentes longitudes.
(Extracto de *Theoricum opus musicae disciplinae*, de Franchino Gaffurio, 1492.).

De hecho, es la relación de intervalos entre notas lo que determina la perfección de la armonía, sobre todo las relaciones de números pequeños: 1, 2, 3 y 4, que dan la segunda, la tercera, la cuarta y la octava: el *do, el re, el mi* y el *fa* (lo cierto es que, así expresadas, las notas de mis exámenes del colegio suenan mucho mejor).

Los griegos no fueron los únicos que exploraron e intentaron comprender el poder de la música. Chinos, indios, egipcios y mesopotámicos también quisieron descubrir los principios matemáticos subyacentes al sonido y la música. El filósofo chino Confucio, por ejemplo, consideraba que estos principios eran la fuente de toda perfección.

Las proporciones ocultas tras las notas

Hoy comprendemos cómo nuestro cerebro descodifica lo que descubrió Pitágoras. Después de que nuestro oído interno la transforme en un impulso eléctrico, la música viaja al cerebro. Esta señal proporciona información sobre las frecuencias presentes en la música, que luego el cerebro descodifica en regiones específicas.

Cuando asistimos a un concierto sinfónico, siempre escuchamos ese extraño ritual de apertura en el que, en medio de una atronadora cacofonía, un centenar de músicos toca fragmentos incoherentes y una algarabía de notas. Después se hace el silencio. El primer violín se levanta y toca una sola nota con determinación. Al unísono, todos los instrumentistas intentan «afinar», es decir, ajustarse a la nota del primer violín. Esa nota es *la*. Al vibrar, la cuerda genera una onda sonora que crea una presión ondulatoria en el aire, ¡que viaja a 440 ciclos por segundo!

Pero si el violinista tocase *la* una octava más alta, la onda viajaría a 880 ciclos por segundo, ¡al doble de velocidad! Otra octava aún más alta lo haría a 1760 ciclos, ¡cuatro veces más rápido!, y así sucesivamente. Lo mismo hacia abajo: 220 para la octava más grave y 110 para la siguiente. Las demás notas se basan en meras relaciones numéricas: la relación es de 2/3 para la quinta y 3/4 para la cuarta, por ejemplo. De este modo, la música se sustenta sobre las proporciones matemáticas.

Así, a partir del siglo xv, en Occidente se hizo un gran trabajo para ajustar los intervalos entre las notas. En ese momento, las matemáticas subyacentes se hicieron complejas hasta el extremo y —lo que resulta más importante— las composiciones musicales se volvieron cada vez más elaboradas. Las relaciones puras y exactas de unísono (la misma nota), octava, cuarta y quinta establecidas por Pitágoras se mostraron insuficientes cuando los compositores emplearon modos mayores y menores, así como diferentes escalas, en la misma pieza. Todo ello resultó confuso para el oído. La revolución se produjo cuando el matemático, teórico musical y compositor español Bartolomé Ramos de Pareja, en su tratado *Música,* publicado en 1482, añadió la tercera mayor pura, y se completó un siglo después con la obra del teórico y compositor veneciano Gioseffo Zarlino, quien creó un sistema llamado «temperado», según el cual la distancia entre cada nota es la misma en términos de frecuencia. Este fue el sistema adoptado a partir de finales del Barroco, y el público lo recuerda por el título de una obra maestra para clavicordio de Johann Sebastian Bach (1685-1750), *El clave bien temperado.*

Todos se afanaban en ajustar los intervalos entre las notas para que la música fuera aún más bella cuando el astrónomo Johannes Kepler, en su tratado *Harmonices Mundi,* publicado en 1619, descubrió proporciones análogas a las de la música en el movimiento de las órbitas de los planetas. Vinculó las velocidades angulares de los planetas y las proporciones de las notas musicales. Kepler mezcló la astronomía con la metáfora filosófica y dio cuerpo a su teoría de que la armonía musical, una creación humana, reflejaba las matemáticas universales. Esto confirmaba que la Tierra está sometida a la armonía de los astros. Y de eso derivan unos armónicos naturales y unas proporciones sencillas entre las notas que unen al ser humano con la naturaleza.

En la música, los armónicos están por todas partes. Cuando nuestro cerebro percibe una nota producida por un instrumento, distingue varias frecuencias a la vez; el sonido nunca es puro, porque el instrumento genera lo que se conoce como armónicos. Cuando un violín toca la nota *la,* además de 440 ciclos por segundo también se generan otras frecuencias. Son los armónicos, que se producen de octava en octava, de 110, 220, 440 a 880 hercios y así sucesivamente; apenas audibles. Nuestro oído interno y nuestro cerebro son máquinas muy eficaces, capaces de distinguir unas mil ochocientas frecuencias de tonos puros, lo que nos permite percibir variaciones sutiles. Por eso escuchar música es una experiencia tan rica y llena de matices.

Debemos esta capacidad a la evolución de nuestro sistema auditivo, que se ha adaptado a la riqueza de sonidos de nuestro entorno. Durante el siglo XX, nuestra agudeza auditiva nos per-

Una página del libro *Harmonices Mundi* de Johannes Kepler. El autor astrónomo determinó vínculos entre las velocidades angulares de los planetas y las proporciones entre las notas musicales. Sostuvo que la armonía musical, creación humana, refleja una matemática universal y confirma que la Tierra está sujeta a la armonía de los astros. El resultado son armónicos naturales y proporciones simples entre las notas que unen a la humanidad con la naturaleza.

mitió explorar el exuberante mundo de las escalas de cuartos de tono (cuatro notas entre *do* y *re),* octavos de tono e incluso dieciseisavos de tono.

La paradoja de la consonancia y la disonancia

La diferencia entre consonancia y disonancia ocupa un lugar privilegiado en la evolución de la música occidental, y no sin razón: la organización y distribución de estos dos mundos sonoros enriquece una composición musical. Cuando dos o más notas suenan simultáneamente, y el sonido se asocia a una sensación agradable y coherente para nuestros oídos, el resultado es una consonancia. Por el contrario, otra combinación de notas puede sonar desagradable o francamente incoherente. En el mundo de la acústica estas distinciones son objetivas, pero la percepción de la consonancia y la disonancia varía de un individuo a otro e incluso de una cultura a otra.

La consonancia perfecta es la de la armonía de las esferas, la de las proporciones más simples, como señalaron Platón y Pitágoras: el unísono, la octava, la cuarta y la quinta. La disonancia consiste en utilizar notas con relaciones complejas que provocan tensión en el oyente. Esta sucesión de tensiones en una composición que termina en consonancia es, en cierto modo, el motor psicofisiológico de la música. Los científicos identifican ahora las regiones cerebrales responsables de esta percepción.

Los compositores de música culta suelen utilizar estas consonancias al principio de una pieza, luego se deslizan hacia combinaciones menos consonantes —o incluso disonantes— y, al final, regresan y concluyen en la consonancia. En el siglo xx, los compositores desbarataron un poco esta lógica. La música contemporánea ha derribado voluntariamente las barreras entre lo que se considera consonante o disonante para explorar y abrirse a nuevas sonoridades.

Nuestros corazones oscilan entre la *mayor y* la *menor*

Mayor y menor son otra dimensión de la música occidental. Nuestro cerebro distingue ambas con precisión, pues ciertas áreas específicas del córtex, las asociadas a las emociones, reaccionan en cada caso. Estos dos modos se expresan en escalas, acordes e intervalos entre notas. De hecho, todo gira en torno al intervalo de tercera, entre *do* y *mi*. Emplear una tercera mayor o una tercera menor supone una diferencia trascendental en una escala o un acorde. Los compositores las utilizan para imprimir un tono, color o atmósfera determinados en una pieza musical. Hablamos de un tono alegre cuando está en modo mayor, y de un estado de ánimo triste cuando se emplea el modo menor. El cerebro reconoce la diferencia cuando analiza intervalos y armonías.

El ritmo que marca el tiempo, que late como un corazón

La palabra «ritmo» procede del griego *rhythmos,* que significa 'movimiento regular y repetitivo'. Según el etnomusicólogo georgiano Joseph Jordania, fundador del Centro Internacional de Investigación de Polifonía Tradicional, el ritmo es fundamental en la música. Jordania postula un proceso de selección natural del ritmo en los primeros homínidos. Aunque los animales ya poseen un ritmo natural derivado de la locomoción y la percepción de los latidos del corazón, los seres humanos cuentan con capacidades superiores expresadas en numerosos rituales: los estados de «trance de combate» en los que se infunde valor a los guerreros antes de un ataque, los gritos de guerra, los conjuros durante las ceremonias chamánicas e incluso en el cortejo. Esta necesidad de ritmo continúa en los rituales contemporáneos. Por ejemplo, el ritmo de la marcha militar, que muchas unidades de combate refuerzan escuchando música *rock,* o nuestro deseo de acentuar toda la música con golpes de ritmo, tan propios del *rock,* el *jazz,* el *blues,* el pop y los géneros alternativos.

Los compositores utilizan la percepción humana del ritmo para mantener el interés en una composición, igual que la melodía o la armonía. El ritmo musical, en pocas palabras, es la organización de las duraciones. Me gusta utilizar la metáfora del corazón para explicar el ritmo: todos hemos oído latir nuestro corazón y, a menudo, también el de la persona que amamos.

Entre dos latidos del corazón hay un pulso, un breve periodo de aproximadamente un segundo. El latido del corazón es una sucesión de latidos: pulso, latido, pulso, latido, y así sucesivamente. El pulso es la duración entre dos latidos. Cuando escuchamos música, nos gusta indicarlo dando golpecitos con los pies o las manos, y el director lo enfatiza con su batuta.

La velocidad a la que se mueven los pulsos es el tempo. Puede ser lento o rápido. Los pulsos pueden agruparse de dos en dos, de tres en tres o de cuatro en cuatro. El fallecido compositor de música contemporánea Pierre Boulez, famoso por componer música compleja, decía que, más allá de cuatro pulsos, un discurso rítmico deja de ser lo bastante natural para que el oído humano lo entienda y siga. En general, el tempo de la música que escuchamos varía entre 40 y 240 pulsaciones por minuto.

Por otro lado, existen formas musicales polirrítmicas, lo que significa que se tocan simultáneamente varios ritmos diferentes. Por ejemplo, quien tenga la oportunidad de escuchar música balinesa no podrá resistirse a su embrujo. Esta música utiliza el *kotekan,* un estilo en el que cada sección toca diferentes estructuras rítmicas opuestas entre sí sobre una gran variedad de gongs, platillos, xilófonos y otros instrumentos, lo que crea la ilusión de una única línea melódica interpretada a muy alta velocidad.

Cada músico es responsable de su propia unidad rítmica, y la interpretación simultánea de estos ritmos intercalados produce un efecto muy estimulante que el cerebro puede percibir. El *kotekan* inspiró a músicos como Steve Reich en los años setenta, quien lo utilizó para componer obras como *Music for 18 musicians.*

Un gamelán balinés en acción: la compañía francesa Kotekan.

La evanescente complejidad del timbre

Un violinista puede utilizar su arco para producir diferentes timbres tocando la misma nota, pero de forma distinta. Lo mismo ocurre con un guitarrista de *rock* que toca la misma nota, pero modifica el timbre con los pedales. El timbre es el conjunto de características acústicas de una nota o sonido. En cierto modo, es su color.

Lo que cambia de un timbre a otro es la forma de la onda sonora. Sigue siendo un *la* a cuatrocientas cuarenta ciclos por segundo con el mismo volumen, pero los armónicos liberados no son los mismos. Cada instrumento de una orquesta tiene un timbre distinto, ¡aunque todos los músicos toquen la misma nota! Los grandes compositores jugaron mucho con el timbre a través de la orquestación. Piénsese en Claude Debussy y Gustav Mahler, por ejemplo. ¿Y qué decir de la música *rock,* que explora sin cesar el timbre de la guitarra eléctrica a pesar de la amplificación —a menudo delirante— que provoca *tinnitus* y aumenta el riesgo de sordera?

Estos rudimentos son todo lo que necesitamos para comprender lo que nuestro cerebro percibe cuando escuchamos o interpretamos música: varias regiones cerebrales deconstruyen las notas, melodías, ritmo, armonías, disonancias y consonancias para después percibirlas unitariamente, como un todo. ¿Cómo lo conseguimos?

¿Cómo descodifica la música el cerebro?

«Me preguntaba si no sería la música el ejemplo único
de lo que habría podido ser la comunicación de las almas
de no haberse inventado el lenguaje, la formación de las
palabras, el análisis de las ideas».

Marcel Proust

Tenía veintiún años y por primera vez sostenía un cerebro humano en mis manos. Comenzaba mi periodo de formación en Neurofisiología en el Instituto-Hospital Neurológico de Montreal, legado del célebre neurocirujano Wilder Penfield, una referencia mundial para la investigación en neurociencia desde su fundación en 1934. El médico de origen estadounidense estaba tan fascinado por el cerebro que consideraba el estudio de este órgano como un Santo Grial de dimensiones casi espirituales. En la entrada del edificio figura una cita de este visionario: «La neurología busca comprender al propio hombre».

No podía creerlo. En la palma de mis manos descansaba una pequeña bola gris y húmeda de poco más de un kilo, que contenía cien mil millones de neuronas apretujadas alrededor de otras células igualmente numerosas, las células gliales y los astrocitos, que protegen y colaboran con las neuronas. Cada neurona puede establecer hasta diez mil conexiones con sus vecinas. Esta maquinaria electroquímica, increíblemente compleja, somos nosotros.

El joven estudiante de Fisiología, pianista en sus ratos libres, sospecha que este ordenador viviente alberga regiones que analizan y diseccionan todos los componentes de la música. Sin embargo, en 1980 lo que contemplaba era un misterio, porque, en realidad, no había herramientas para estudiarlo. Desde entonces se han desarrollado tecnologías como la resonancia magnética funcional y la tomografía por emisión de positrones para ver y medir la actividad cerebral. Cientos de investigadores de todo el mundo las utilizan actualmente para cartografiar el cerebro musical.

El cerebro musical

La teoría principal que la neurociencia intenta confirmar mediante imágenes cerebrales funcionales es que hay un cerebro musical en el interior de nuestro cerebro. Sin embargo, el término se ha utilizado mucho en los medios de comunicación y merece algunas aclaraciones. No existe un cerebro musical como tal, sino un conjunto de regiones cerebrales que, aunque se utilizan para muchas otras tareas, reaccionan de una manera específica ante la música.

El profesor Robert Zatorre y la neurocientífica Isabelle Peretz, fundadores del BRAMS de Montreal (Laboratorio Internacional para la Investigación del Cerebro, la Música y el Sonido), han realizado numerosos estudios de imagen médica para explorar las distintas regiones responsables de la percepción musical. También han realizado importantes descubrimientos sobre los mecanismos de la interpretación musical y diversos problemas de percepción, en particular, la amusia. Se les atribuyen numerosos hallazgos sobre el funcionamiento cerebral.

Contemplar el metabolismo del cerebro
a través de sus campos magnéticos

Hoy en día, la resonancia magnética funcional es la herramienta de diagnóstico e investigación biomédica más utilizada.

Curiosamente, la historia de este instrumento se remonta al siglo XIX. En 1890, dos investigadores, Charles Roy y Charles Sherrington, de la Universidad de Cambridge (Inglaterra), fueron los primeros en relacionar la actividad cerebral con la circulación sanguínea. Cuanto más activa es una región del cerebro, más oxígeno y glucosa requiere y, por tanto, mayor es su necesidad de sangre.

Sin embargo, en 1936, el investigador estadounidense Linus Pauling —famoso por sus dos premios Nobel, uno por la estructura de las proteínas y otro por su lucha contra las armas nucleares— descubrió, con su colega Charles Coryell, algo esencial para la resonancia magnética funcional. Los dos científicos observaron que la hemoglobina de nuestra sangre —una molécula mayor, que toma una molécula de oxígeno de nuestros pulmones y la entrega a las células de nuestro cuerpo que la necesitan— se ve repelida por un campo magnético cuando transporta oxígeno y, a la inversa, es atraída por un campo magnético cuando ya no contiene oxígeno. Por tanto, el oxígeno crea una variación magnética pequeña, pero mensurable.

Como suele ocurrir en ciencia, este descubrimiento cayó en el olvido hasta 1990, cuando aparecieron en el mercado biomédico los primeros aparatos de resonancia magnética. Esta nueva técnica de la imagenología capta una imagen estática, una instantánea de las estructuras anatómicas del cerebro, y mide las diferencias de campo magnético inherentes a cada estructura del cuerpo. El investigador Seiji Ogawa retomó el descubrimiento de Linus Pauling y midió las diferencias de concentración de oxígeno en sangre. Esto permite ver qué partes del cerebro requieren más sangre en el momento preciso de la imagen magnética. Así es posible identificar las regiones específicamente responsables de una actividad cerebral determinada. Ogawa lo demostró con ratas y, unos años más tarde, con seres humanos. Desde 1992, la resonancia magnética funcional es la principal herramienta de investigación en las ciencias cognitivas, incluida la música.

Los límites de la resonancia magnética funcional

En 2016, un estudio publicado en la prestigiosa revista de la Academia Nacional de Ciencias de Estados Unidos reveló que deben cuestionarse la precisión, e incluso la validez, de las imágenes obtenidas por resonancia magnética funcional. Esto conmocionó a la comunidad científica. Anders Eklund y Hans Knutsson, de la Universidad de Suecia, y Thomas Nichols, de la Universidad de Warwick, descubrieron que un problema informático en estas máquinas podía estar perturbando la lectura de millones de imágenes. De hecho, el porcentaje de error quizá fuera del cincuenta por ciento. Esto supuso un duro golpe para la medicina, ya que la existencia de tantos falsos positivos puede repercutir gravemente en la vida de muchos pacientes. Desde luego, se trata de una llamada a la precaución para quienes utilizan estas imágenes en la investigación fundamental,

Según los autores de este análisis, uno de cada diez estudios que utilizan resonancia magnética funcional se ve afectado por este error. Otro cuarenta por ciento también serían inexactos, pues los investigadores no siempre solicitan las correcciones pertinentes al *software* para mejorar la precisión de la imagen. Según los especialistas, los resultados reproducidos por otros equipos, cuyos datos son estadísticamente válidos, tienen mucha probabilidad de ser exactos, como ocurre en las investigaciones musicales, en las que numerosos equipos han obtenido los mismos resultados.

Dosis bajas de radiactividad
para observar la actividad cerebral

Los investigadores han tenido más éxito con la tomografía por emisión de positrones. Este dispositivo permite medir la actividad metabólica, pero utilizando un producto radiactivo muy débil que se inyecta en el cuerpo, como el oxígeno. Una vez en el cuerpo, las moléculas de oxígeno radiactivas liberan positrones, que chocan con los electrones para producir una irradiación que el aparato puede detectar. Se usa mucho para identificar tumores o demencias, pero también para la investigación fundamental, ¡incluida la que se ocupa de la música y el cerebro!

El atlas del cerebro musical

Durante el último cuarto de siglo, los investigadores han hecho descubrimientos asombrosos sobre el funcionamiento de nuestro cerebro cuando escuchamos música. Decenas de estructuras y regiones especializadas trabajan para que podamos percibir la música en todo su esplendor.

La música se compone de varios elementos: notas, melodías, armonías y timbres. Este complejo conjunto llega a nuestros oídos como un todo que se despliega a lo largo del tiempo. Se ha descubierto que el oído y el cerebro realizan un trabajo asombrosamente complejo de descomposición y posterior reensamblaje de todos estos elementos.

Imagine el lector que escucha su pieza musical favorita, la que más placer le haga sentir. ¿Por qué le produce un efecto tan intenso? El sonido lo percibe primero el oído externo. En el oído interno, la cóclea lo segmenta en diferentes frecuencias y, a su vez, transforma estas en impulsos eléctricos diferenciados que envía a lo largo del nervio auditivo. Como sabemos, así se inicia el viaje hacia el cerebro. La señal eléctrica del nervio auditivo comienza pasando por una serie de regiones del sistema primitivo del cerebro conocidas como tronco encefálico.

La señal eléctrica llega primero a la corteza auditiva primaria, situada a ambos lados del cerebro. Por ahí entra el sonido en el córtex, que analiza todas nuestras funciones superiores. La corteza auditiva se sitúa en el lóbulo temporal, una región crucial para la percepción auditiva, el lenguaje y la memoria.

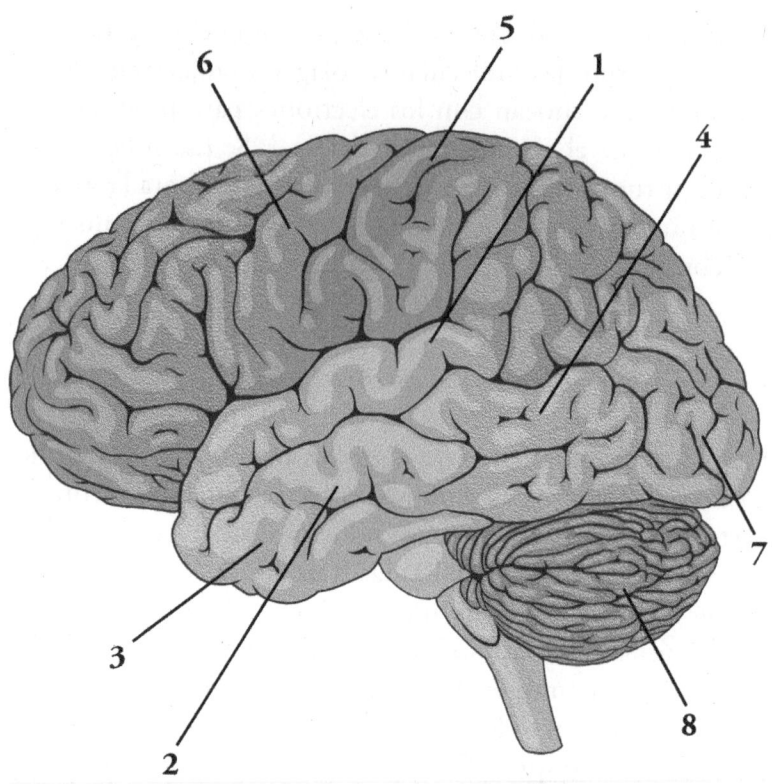

El cerebro musical y sus funciones:

1. Corteza auditiva: aquí es donde tiene lugar la primera etapa de percepción y análisis de los componentes de la música.
2. Amígdala: región del sistema límbico (situada dentro del cerebro) implicada en la percepción emocional de la música. Se asocia con la motivación y la recompensa, la estimulación y las emociones.
3. Núcleo *accumbens:* otra región importante del sistema límbico para la percepción de emociones en la música.
4. Hipocampo: estructura ubicada dentro del cerebro, fundamental para la memoria, incluida la de la experiencia musical y su contexto.
5. Corteza sensorial: esta parte de la corteza es responsable de la respuesta sensorial y táctil del músico cuando toca un instrumento.
6. Corteza motora: región que genera los movimientos para tocar un instrumento musical.
7. Corteza visual: aquí es donde el músico decodifica las notas que lee en las partituras musicales.
8. Cerebelo: esta estructura es importante para coordinar los movimientos de los músicos y para nuestra respuesta emocional a la música.

El córtex auditivo primario descodifica cada nota de nuestra pieza musical favorita. La función que identifica el tono y la frecuencia de cada nota parece predominar en el lado derecho del cerebro.

Por su parte, la melodía, una secuencia de varias notas —es decir, una sucesión de tonos—, se percibe en lo que se conoce como corteza auditiva secundaria o asociativa, situada justo al lado de la corteza auditiva primaria.

Esta región no solo descodifica la melodía, sino que, como ha demostrado Isabelle Peretz, también puede detectar una nota desafinada en una melodía.

El otro componente de nuestra canción favorita es el ritmo. La región que descifra el ritmo musical se encuentra en el córtex auditivo secundario, en el lado derecho del cerebro. Si el ritmo es sencillo (por ejemplo, si nuestra pieza favorita es una melodía pop de dos tiempos o un vals de tres tiempos), otras regiones del córtex entran en juego cuando sentimos el impulso repentino de dar golpecitos con el pie: partes de los córtex frontal y parietal izquierdos y el cerebelo (el «pequeño cerebro» responsable de coordinar los movimientos). Si la canción es *jazz* con un ritmo complejo, se recurre a zonas aún más amplias del córtex, incluidas las regiones motoras y el cerebelo, para coordinar el golpeteo del pie.

Todo esto no es de extrañar, porque, como hemos visto antes, la música y el movimiento están íntimamente ligados. Es probable que la aparición de la música y el canto en nuestra trayectoria evolutiva haya animado a bailar a muchas generaciones durante miles de años.

La superposición de varias notas tocadas simultáneamente con la melodía confiere una gran riqueza sonora a una pieza musical. A esto se le llama armonía. En Occidente, nuestra música ha girado en torno al modo mayor, que se percibe como alegre, y al modo menor, que es más triste. Una pieza musical se compone de una sucesión de acordes diferentes, que pueden tocarse principalmente en modo mayor o menor. Las responsables de detectar y percibir las armonías son las regiones del lóbulo frontal, alejadas de la corteza auditiva, y la corteza cingulada, una región distinta.

Por último, una pieza musical también cuenta con toda una sucesión de timbres, lo que podríamos llamar texturas sonoras. Esta serie de timbres se define en función de los instrumentos y la orquestación. Es multidimensional e implica que el cerebro puede distinguir entre varios instrumentos. Se ha demostrado que esta descodificación se produce en las regiones auditivas del lóbulo temporal, también en relación con la activación de las áreas frontales.

A diferencia de los simios, por ejemplo, somos capaces de retener secuencias muy largas de sonidos. Disponemos de una memoria funcional excelente: esta capacidad diferencia a nuestro cerebro del de los macacos o los chimpancés, que, aunque también cuentan con un córtex auditivo, no tienen conexiones neuronales con el lóbulo frontal. A lo largo de la experiencia auditiva musical, son precisamente estas conexiones las que permiten transmitir señales al lóbulo frontal para que las analice y, a continuación, devuelva la información al córtex auditivo. Esta retroalimentación genera una memoria activa de la música que estamos escuchando. Cuanto más la escuchamos, más huellas quedan de ella. De hecho, ¿no recordamos a veces nuestra pieza musical favorita y la reproducimos «en la cabeza» con sorprendente precisión? Las imágenes médicas confirman que el recuerdo de una pieza musical se localiza en estas zonas del córtex auditivo y frontal, y que este mecanismo explica por qué somos capaces de imaginar la música sin escucharla.

El cerebro del placer, la emoción y la recompensa

En 2001, Robert Zatorre, neurocientífico cognitivo de la Universidad McGill de Montreal, publicó una investigación sobre una perspectiva completamente distinta de la música, basada tan solo en las notas, el ritmo y la melodía. Se interesaba por lo que sentimos cuando una pieza musical nos conmueve especialmente, cuando sentimos escalofríos en la espalda, cuando la obra nos transporta y emociona.

El profesor Robert Zatorre y su alumna, Anne Blood, acababan de terminar un experimento en el que los participantes escuchaban música emotiva dentro de un tomógrafo por emisión de positrones. La sensación que les producía la música era tan fuerte que les aumentaba el ritmo cardíaco, la respiración y la sudoración. Al mismo tiempo, los investigadores observaron que se activaban regiones muy concretas del cerebro, como la amígdala y el núcleo accumbens, lo que indicaba que estas reacciones afectaban al sistema límbico, relacionado con la motivación y la recompensa, la excitación y las emociones. Como pudieron comprobar los investigadores a partir de las imágenes tomográficas, las regiones responsables de estos efectos se vinculan con un neurotransmisor y neurohormona bien conocida: la dopamina. Esta sustancia genera la sensación de placer que asociamos a la comida, el sexo o el consumo de drogas como el alcohol, la cocaína o la heroína. En 2011, Robert Zatorre retomó este estudio para medir la cantidad precisa de dopamina generada al escuchar música. Estableció una relación directa entre ambas. Cuanto más nos emociona una pieza musical, más dopamina segregamos.

Robert Zatorre demuestra que nuestro cerebro trabaja para descodificar la música en dos procesos simultáneos. Del componente físico —frecuencias, ritmos y texturas— se encarga el córtex. Por su parte, la dimensión emocional la percibe nuestro sistema límbico, que analiza elementos vinculados a las emociones, el placer y la recompensa. Esta dualidad explica el efecto de la música en nuestro cerebro. Apela a nuestro lado racional a través de su estructura matemática, al tiempo que afecta a nuestras emociones en un grado comparable al de las principales necesidades vinculadas a nuestra supervivencia, como el sexo o la comida.

Escuchar música e inteligencia: ¡acabemos con el efecto Mozart!

«La música es ruido que piensa».
Víctor Hugo

¿Quién no ha oído hablar del «efecto Mozart»? Es la idea de que si los niños, o incluso los bebés, escuchan música compuesta por Mozart, serán más inteligentes. El concepto se ha extendido incluso a los adultos.

En 1993, un estudio publicado en la prestigiosa revista científica *Nature* popularizó el efecto Mozart. La psicóloga Frances H. Rauscher, de la Universidad de California en Irvine, demostró que escuchar la *Sonata para dos pianos en re mayor*, KV 448, de Wolfgang Amadeus Mozart, aumentaba las capacidades espaciales de los jóvenes participantes en el estudio.

El *New York Times* se hizo eco de la noticia y, en cuestión de meses, varios estados en Estados Unidos decretaron la obligatoriedad de escuchar música en las aulas. Entonces llegó la locura. Se dispararon las ventas de discos, métodos y libros que explicaban a los padres cómo hacer que sus hijos fueran más inteligentes escuchando música.

¿Cómo puede un único estudio observacional concluir que la música tiene tal efecto en el cerebro? Admitámoslo: la música es muy llamativa, ¡sobre todo cuando nos garantiza una forma sencilla de aumentar la inteligencia! Sin embargo, ¿qué demostraba realmente aquella investigación? En primer lugar, Frances H. Rauscher nunca mencionó el efecto Mozart en su estudio. Es más, el experimento no se llevó a cabo con bebés o niños, sino con adultos jóvenes. La muestra en la que la investigadora basó su estudio se limitó a un grupo de treinta y seis estudiantes.

El experimento es el siguiente: se pide a los participantes, divididos en tres grupos, que realicen una serie de tareas mentales consistentes en jugar con formas tridimensionales en su imaginación, algo así como plegar o desplegar papiroflexia. Antes de realizar cada tarea, los grupos escuchan diez minutos de silencio, diez minutos de instrucciones verbales para relajarse o diez minutos de la *Sonata para dos pianos en re mayor*.

Los resultados de este estudio demuestran que los estudiantes que han escuchado a Mozart son los mejores a la hora de imaginar el aspecto que podría tener un papel doblado al desplegarlo. Sin embargo, la mejora solo dura quince minutos. ¡Hay un trecho hasta afirmar que la música de Mozart nos vuelve más inteligentes!

En cualquier caso, el estudio despertó la curiosidad de otros investigadores. ¿Cómo podía la música del genio de Salzburgo afectar a la visualización espacial? En 1999, *Nature* publicó una revisión bibliográfica de todos los estudios posteriores y llegó a la conclusión de que la música de Mozart no tenía ningún efecto sobre la inteligencia o el razonamiento, pero parecía tenerlo sobre la capacidad de transformar imágenes visuales. ¿Y ya está?

Los científicos han llegado a la conclusión de que la tarea de tomar un objeto tridimensional como el origami y moverlo en el espacio para comprender su forma es una actividad de estimulación cognitiva que se produce en el hemisferio derecho del cerebro. Un estudio en particular muestra que escuchar un pasaje de una novela de Stephen King, gran escritor estadounidense de *thrillers* de terror, parece tener el mismo efecto. Se supone, pues, que el efecto del placer es suficiente para incitar al cerebro a superarse.

En 2010 se analizaron más de cuarenta estudios independientes con tres mil participantes. La conclusión es que cualquier tipo de música produce el mismo efecto. Un estudio lo demostró con Schubert; otro, realizado con ocho mil estudiantes en Gran Bretaña, reveló que la música popular, incluida la canción «Country House» del grupo Blur, producía un efecto mayor que la música de Mozart.

De hecho, los autores de este importante metaanálisis realizado en la Universidad de Viena (Austria) llegaron a la conclusión de que el efecto Mozart sencillamente no existe. Cualquier forma de estimulación que nos ponga más alerta —una buena taza de café, una breve caminata a paso ligero— puede tener el mismo efecto, de corta duración en todos los casos.

Tocar tiene más impacto

Una cosa es escuchar música, y otra muy distinta, tocarla. Se han realizado más de cien estudios de imagen cerebral para estudiar el cerebro de un músico comparándolo con el de otras personas. No hay duda de que interpretar música implica una gran integración de habilidades sensoriales y motoras, así como de las funciones superiores de atención, cognición y memoria.

Como hemos visto antes, todo lo motiva la anticipación de la experiencia de placer que resulta de la propia producción de la música. ¿Influye la música en el desarrollo cognitivo?

Se trata de un campo de investigación activo, pero las conclusiones aún no son definitivas. Sabemos que un niño que recibe formación musical experimenta una mejora en la memoria verbal, la capacidad lectora, la calidad de la pronunciación de una segunda lengua y determinadas funciones ejecutivas. Incluso puede decirse que aprender a tocar un instrumento musical de pequeño predice el éxito académico y un mayor coeficiente intelectual más adelante.

Sin embargo, hay otros factores, como la duración de la formación musical. Además, y sobre todo, hay muchas variables que influyen en los beneficios de aprender música a una edad temprana: el entorno familiar, las demás actividades del niño, la atención, la motivación e incluso el método de enseñanza. La recompensa y el contexto de la formación musical también desempeñan una función importante.

Un estudio de Jessica Grahn, de la Universidad de Ontario Occidental, en Londres, demuestra que un año de clases de piano combinadas con la práctica regular podría aumentar el cociente intelectual en tres puntos. Sin embargo, ¿cómo demostrar que esto se debe exclusivamente a la música y no más bien a una combinación de factores en torno al aprendizaje? En cualquier caso, lo cierto es que hay un concepto central relacionado con estos cambios en el cerebro de los niños: la plasticidad cerebral. Porque algo ocurre en el cerebro cuando se aprende a tocar un instrumento.

El cerebro del músico

«Ser músico es estar tocado por
una mano que no puedes ver».
Isaac Stern

La primera vez que me senté en una banqueta de piano tenía nueve años. Recuerdo que aporreaba las teclas con los dedos índices, una nota cada vez. Percibí que cada nota tenía un color diferente, aunque aún no entendía el concepto de tono. Sin embargo, lo que más me impresionó fue que podía controlar el volumen sonoro con la presión de los dedos en las teclas.

Durante los meses de aprendizaje que siguieron, mi motricidad mejoró y conseguí tocar dos melodías a la vez de las *Invenciones y sinfonías* de Johann Sebastian Bach. Era como si mi cerebro hubiera adquirido una nueva forma de pensar.

El cerebro del músico

En palabras del investigador Robert Zatorre, la interpretación musical «es uno de los retos más complejos y exigentes que la mente humana puede acometer desde el punto de vista cognitivo». No es para menos. A diferencia de otras tareas que requieren retroalimentación táctil, la interpretación musical exige la sincronización de varias regiones jerárquicas del cerebro, además de un control motor, auditivo y sensorial constante para tocar las notas correctas. En otras palabras: leer las notas, transformarlas en órdenes motoras, añadir una intención musical, escuchar lo que ocurre, afinar, anticipar las siguientes notas, y todo durante horas y horas de forma sostenida…, es un ejercicio descomunal para el cerebro.

La interpretación musical como
secuencia de acontecimientos

Tomemos el ejemplo de un músico sentado cómodamente frente a una partitura. Antes de tocar la pieza, el primer paso es leer las notas. En realidad, lo que el músico ve son símbolos —notas en un pentagrama— que debe asociar con sonidos y digitaciones para que la nota brote del instrumento. La señal visual comienza en los ojos y se transforma en una señal eléctrica que viaja por el nervio óptico hasta la parte posterior del cerebro, a una región del lóbulo occipital conocida como corteza visual.

A continuación, las conexiones de la corteza visual se dirigen a la corteza auditiva, en el lóbulo temporal, y a la corteza motora, en el lóbulo parietal, justo encima.

Este triángulo de tres regiones corticales actúa en un bucle continuo y coordinado. Además, un buen músico anticipa las notas que aún no se han tocado para asegurarse de que la melodía se frasea correctamente y de que la dinámica de la interpretación se mantiene durante toda la actuación. También necesita coordinar los movimientos de las manos para garantizar un buen ritmo. Si el músico quiere acentuar la dinámica de una nota dentro de un pasaje, para tocarla más fuerte o más rápido, debe abrir otra línea directa de comunicación, en tiempo real, entre su oído y la corteza motora, que controla los dedos implicados. Por último, tiene que añadir una expresión emocional —la solicitada por el compositor— y su propio toque personal como intérprete, la cumbre de la interpretación. Todo el sistema límbico interviene, pues, a lo largo de la señal eléctrica entre el córtex, las extremidades y los dedos del artista.

La plasticidad del cerebro de un músico

Esta proeza, repetida durante horas todos los días a lo largo de los años, ¿tiene un impacto a largo plazo en el cerebro? Numerosos estudios de imagen han comparado los cerebros de principiantes con los de músicos profesionales; otros han rastreado los cambios en los músicos. La primera conclusión es que la música modifica, efectivamente, el cerebro. La práctica musical sostenida induce transformaciones en las propias estructuras del cerebro, según un principio conocido como plasticidad.

La materia gris —una región rica en neuronas funcionales— de la corteza auditiva y motora de los aprendices adquiere nuevas conexiones. Lo mismo ocurre en otras regiones periféricas, como la corteza premotora y el cerebelo, el centro de coordinación del movimiento. Los investigadores observaron cambios incluso en la materia blanca, las neuronas que conectan las distintas regiones del cerebro. Hacer ejercicio al ritmo de la música aumenta las fibras nerviosas del cuerpo calloso, la principal ruta que conecta ambos hemisferios cerebrales.

Las cortezas auditiva y motora son, naturalmente, esenciales en la práctica musical, pero lo más interesante es entender cómo participan otras regiones periféricas. Incluso se ha demostrado que los músicos muy experimentados presentan una intensa conectividad entre regiones motoras y sensoriales ajenas a la actividad musical.

Los efectos del aprendizaje desde la infancia

Hay muchas razones para considerar que aprender música mejora la audición, la coordinación motora y la percepción del ritmo de los niños. Sin embargo, algunos estudios recientes van aún más lejos al constatar transferencias de aptitudes a ciertas áreas más distantes, como la inteligencia verbal, e incluso una mejora del rendimiento académico. En cualquier caso, la pregunta en boca de todos los padres es cuándo empezar la educación musical de sus hijos.

Los científicos hablan de un «periodo sensible», es decir, un momento del desarrollo cerebral en el que las experiencias influyen poderosamente en la maleabilidad de los circuitos neuronales. En lo que respecta a la audición en general, la plasticidad del córtex auditivo alcanza su máximo durante los tres o cuatro primeros años tras el nacimiento, por eso es tan importante estimular la audición del recién nacido. La plasticidad óptima para aprender un primer idioma se produce entre el año y los cinco años. Para adquirir una segunda lengua, por ejemplo, el periodo va desde el nacimiento hasta los doce o trece años.

En síntesis, la mejor edad para aprender música viene determinada por el periodo sensible de plasticidad. Sin entrar en detalles, los periodos sensibles de las regiones responsables de percibir e interpretar música varían. La motivación y el entorno también influyen. Es un hecho que aprender un instrumento desarrolla las habilidades lingüísticas, la atención y la flexibilidad propias de las tareas cognitivas. Cuanto antes comienza el aprendizaje, más probabilidades hay de maximizar las capacidades.

Aprender música mejora la capacidad auditiva

Ni que decir tiene que tocar música con regularidad mejora la percepción auditiva. Los niños de ocho años que reciben seis meses de formación musical son capaces de distinguir ligeros cambios de frecuencia en una nota, lo que no ocurre con los que no reciben esa formación. Los músicos adultos pueden reconocer y distinguir conversaciones aun con ruido.

De hecho, se ha hecho famosa una escena de la *Sinfonía en soledad: Un retrato de Glenn Gould,* del cineasta canadiense François Girard: muestra al ilustre pianista Glenn Gould (interpretado por Colm Feore) en un restaurante de comida rápida frecuentado principalmente por camioneros. El ambiente es muy ruidoso. Gould siente un gran placer aislando una a una las conversaciones de todos los comensales. Incluso compone una polifonía mezclando las conversaciones, como habría hecho Bach con las notas. En 1996, el psiquiatra Peter Oswald fue el primero en formular un diagnóstico *post mortem* de los trastornos que padecía el pianista canadiense. Según afirmaba, tenía todos los rasgos del síndrome de Asperger, un diagnóstico dentro del espectro autista. Sin embargo, su talento para la fina percepción polifónica no se vincula necesariamente a este síndrome. De hecho, conozco a varios músicos con esta capacidad que, sin embargo, no presentan rasgos autistas.

Tocar música influye positivamente en el aprendizaje de idiomas

La música y el lenguaje son ante todo sonidos, como ya hemos dicho. Las palabras y las notas siguen la misma ruta hasta el córtex auditivo. Aunque luego toman caminos diferentes, y las regiones corticales para el lenguaje y la música son distintas, no dejan de ser adyacentes.

Una de las principales autoridades contemporáneas en la estrecha relación entre el lenguaje y la música, el profesor Aniruddh Patel, de la Universidad Tufts de Boston, ha desarrollado una teoría para explicar esta relación. La ha llamado OPERA. Se basa en la observación de que tocar música influye en la plasticidad de las redes neuronales necesarias para el lenguaje.

Para Patel, OPERA tiene en cuenta la naturaleza complementaria de las redes cerebrales (ya que descodifican tanto el lenguaje como la música), la precisión que la música exige de estas redes (superior a la del lenguaje), las emociones positivas que estimulan estas redes, la repetición que requiere la práctica de la música y, por último, la atención necesaria para la interpretación musical. En conjunto, la necesidad de satisfacer estas exigencias tal vez explique el efecto positivo de la música en el aprendizaje de idiomas. De hecho, numerosos estudios han demostrado que la formación musical mejora la memoria y la fluidez lingüísticas, así como la adquisición de una segunda lengua y la capacidad lectora.

Sin embargo, se debe señalar que tocar música no mejora las habilidades matemáticas o espaciales. Ningún estudio ha demostrado relación alguna al respecto. Parece que las áreas auditiva y visual no están vinculadas para confluir en una sinergia, y que ni siquiera la lectura de la notación musical tiene algún efecto sobre la capacidad de comprensión matemática.

Tocar música mejora la concentración

Si se le pregunta a cualquier músico, dirá que para tocar música hay que concentrarse. Concentrarse de verdad. Más aún cuando uno aprende a tocar un instrumento. Recuerdo mis ejercicios de juventud. Una sesión de dos horas que incluyera una pieza nueva y exigente, como una sonata de Beethoven o una partitura de Bach, arpegios, escalas, estudios..., era bastante agotadora.

Mi madre tenía cuarenta y dos años cuando decidió recibir clases de piano conmigo para animarme, aunque antes no había estudiado música. Era una mujer inteligente y despierta, pero nunca fue capaz de progresar tanto como yo. Decía que le faltaba concentración. A mí me pasaba justo lo contrario. Cuanto más aprendía piezas nuevas, más me concentraba. No es de extrañar: los estudios demuestran que aprender un instrumento musical mejora la capacidad de atención de los jóvenes.

Es un concepto que se utiliza mucho en lingüística que en inglés se llama *code switching* para referirse a la alternancia de códigos lingüísticos. En este caso, cuando se aprende a tocar un instrumento musical, la alternancia de tareas (leer, tocar, escuchar) pone en marcha las funciones ejecutivas y de toma de decisiones del lóbulo frontal, el córtex auditivo, el córtex visual, la memoria y el sistema límbico, que se ocupa de las emociones. Todo ello mejora la concentración y la memoria funcional de los jóvenes.

Ninguna conclusión sobre la mejora del coeficiente intelectual

¿Podría el aprendizaje de la música influir en el éxito escolar y aumentar realmente el coeficiente intelectual (CI)? Los resultados de numerosas investigaciones sobre este tema no son concluyentes. Algunos estudios muestran un ligero aumento del CI, pero los resultados rara vez se reproducen en otros estudios. Estas investigaciones deben relativizarse y contemplar los factores ambientales y genéticos que las sesgan. El hecho de que el acceso a las clases de música sea más fácil para las personas en una posición socioeconómicamente acomodada, y de que los alumnos con capacidades superiores tengan más probabilidades de recibir clases de música, son variables que también deben tenerse en cuenta.

Para pagarse los estudios en la Escuela Politécnica de Montreal, mi padre trabajó como acomodador en el auditorio de la escuela Le Plateau, en el parque de La Fontaine. Eran finales de los años treinta y allí se celebraban conciertos de la Orquesta Sinfónica de Montreal, dirigida por su fundador, Wilfrid Pelletier. Mi padre los escuchaba de pie, al fondo de la sala. La música de los grandes maestros lo impresionó tanto que se convirtió en un melómano. Así pues, yo crecí escuchando música sinfónica, y mi padre, entonces ingeniero y director de empresa, me transmitió naturalmente su pasión juvenil por la música.

Dejando a un lado el contexto socioeconómico, los investigadores pueden afirmar que aprender música aumenta las posibilidades de éxito académico. Los estudios de Glenn Schellenberg, especialista en los vínculos entre cognición y música de la Universidad de Toronto, demostraron que aprender música mejoraba el éxito académico en un estudio con ciento setenta y un jóvenes de entre seis y once años.

La importancia del ritmo

El ritmo sigue siendo el núcleo de nuestro ser: pensemos en los latidos del corazón al caminar, el compás regular de nuestra respiración y la cadencia natural del habla. Se ha descubierto que incluso los bebés de dos meses pueden distinguir variaciones rítmicas en la música. Esto demuestra la importancia que el cerebro concede a la percepción del ritmo. También se ha comprobado que las neuronas del córtex visual pueden entrenarse para responder a ritmos regulares.

Si hay una explicación para los beneficios de aprender música, es que el ritmo tiene un efecto positivo tanto en la interpretación como en el aprendizaje. Las funciones cognitivas necesarias para coordinar y planificar los movimientos, la anticipación y la integración sensoriomotora al interpretar una pieza musical con un instrumento se benefician de la sincronización que exige el ritmo.

También se ha estudiado el impacto de esta «sincronización» en el comportamiento. Si la música desempeña un papel en la evolución humana como factor unificador y medio para perfeccionar la cooperación, la coordinación y la cohesión del grupo, entonces el ritmo musical desempeña una función central. Para comprobarlo, basta preguntar a un músico de orquesta por el poderoso fenómeno de la sincronización en un concierto sinfónico. Bajo la batuta del director de orquesta, los cien músicos son uno solo. Los trabajos del psicólogo e investigador estadounidense Piercarlo Valdesolo, entre otros, han hallado un vínculo entre la sincronización y la adaptación social, la cooperación e incluso la compasión.

Un niño que aprende a tocar música con otros jóvenes participa en esta sincronización rítmica. Para investigar este fenómeno, medimos la activación de las neuronas espejo, una categoría de neuronas que funcionan en el cerebro de un individuo cuando observa o ejecuta el mismo gesto. Aunque el neurocientífico Giacomo Rizzolatti y su equipo de la Universidad de Parma (Italia) las descubrieron en animales en los años noventa, no se confirmó su existencia en humanos hasta hace pocos años. Se localizan alrededor del área del lenguaje (área de Broca) y en el córtex parietal.

Son espejos porque funcionan igual de bien para las acciones que realiza uno mismo como para las de otra persona. Se cree que su función es reforzar la empatía. Se consideran fundamentales para lo que se conoce como cognición social, el desarrollo del lenguaje y el arte a través de las emociones y la comprensión de los demás. Tocar música en grupo activa, pues, estas regiones. El entrenamiento rítmico y la sincronización a un nivel tan alto solo son comparables al entrenamiento en determinados deportes de equipo.

El mundo de la creación espontánea: la improvisación

Todo lo que acabo de explicar se aplica a la manera convencional de tocar música, es decir, a través de una vía pedagógica basada en la lectura de obras musicales ya compuestas. Sin embargo, la historia de la música es también la de una sucesión de improvisaciones. Improvisar significa componer sobre la marcha, en tiempo real, sin red de seguridad. En algunos casos, estas improvisaciones han dado lugar a la creación de obras, canciones o melodías que han arraigado en diversas culturas y se han transmitido de generación en generación. Cabe señalar que en todas las músicas tradicionales de la humanidad hay momentos de improvisación.

La introducción de la notación musical en Occidente hace mil años transformó gradualmente la forma de interpretar la música. La música que anotaron los compositores e interpretaron los músicos ha influido considerablemente en los planes de estudio de conservatorios y universidades. Hasta tal punto que ya no se enseña el arte de la improvisación. ¿Es un error? Explorar la improvisación forma parte del autodescubrimiento, es una manera de investigar nuevas ideas musicales y una forma creativa de expresar nuestras propias emociones. Un instrumento perpetúa esta gran tradición de improvisar: el órgano. Todo buen organista debe estar formado para ejecutar improvisaciones en concierto. Grandes organistas como Johann Sebastian Bach y Dietrich Buxtehude eran famosos por tocar increíbles improvisaciones que, por desgracia, nunca tendremos el placer de escuchar.

Personalmente, desde mis primeros días al piano, cultivé un deseo de improvisar que nunca me ha abandonado. Cuando improviso, no soy yo quien toca: pierdo la conciencia del tiempo y de lo que hago. ¡Me atrevería a decir que alguien toca en mi lugar! Por favor, no piense el lector que estoy delirando. Lo que digo es verdad. Uno de los más grandes improvisadores del siglo XX, Keith Jarrett, hablaba a menudo de este estado de abandono de la conciencia, necesario para captar su música más profunda, dentro de sí mismo: es un estado de trance controlado.

La neurociencia le da la razón. Charles Limb, médico, músico e investigador de neurociencia en la Universidad de California en San Francisco, y su colega Allen Braun han realizado un experimento con resonancia magnética funcional para aislar las regiones del cerebro que trabajan cuando los pianistas de *jazz* improvisan. Sustituyendo pianos reales por otros de plástico (no puede haber metal alrededor de las máquinas de resonancia, que generan un poderoso campo magnético), varios pianistas profesionales improvisaron con la mano derecha sobre melodías que les tocaban. Limb y Braun demostraron que el cerebro del músico no funciona igual cuando improvisa, y que ciertas regiones, normalmente funcionales en un músico que lee una pieza musical, se inhiben en favor de otras regiones implicadas en la creatividad. Tres regiones del córtex prefrontal se ven afectadas: dos se relacionan con la vigilancia y se activan al tocar una pieza leída y aprendida. Durante una improvisación se desactivan momentáneamente, mientras que otra región se despierta de pronto. Esta región del córtex prefrontal utiliza los recursos internos del cerebro y abandona temporalmente la vigilancia y el estado de conciencia necesarios para interpretar con exactitud la música escrita en la partitura. Esta región también interviene durante la hipnosis, la meditación y la ensoñación.

Además, los investigadores descubrieron que el cerebro recurre sobre todo a las regiones sensoriomotoras del córtex del lóbulo parietal para organizar y ejecutar con rapidez pasajes musicales espontáneos. El cerebro también parece inhibir las regiones del sistema límbico que controlan la motivación y los aspectos emocionales de la interpretación.

Se han realizado muchos estudios en este ámbito desde ese descubrimiento en 2008. Cada vez se tiene una idea más clara de los procesos neuronales que intervienen en la creatividad musical. Roger Beaty, ahora en la Universidad de Harvard, ha revisado toda la investigación realizada desde entonces. Se han estudiado los cerebros de músicos de *jazz,* raperos, de intérpretes de música clásica y de los que no son músicos improvisando.

Los resultados confirman lo que han observado algunos neuropsicólogos, entre ellos, el líder de pensamiento en este campo, Jeff Pressing. Psicólogo, investigador y músico estadounidense, legó un modelo cognitivo muy detallado de la improvisación musical, desarrollado en 1988. Los estudios de imagen médica no han hecho sino corroborar lo que él había deducido de la observación, es decir, que para componer y tocar espontáneamente intervienen mecanismos subconscientes. Además, demostró que los grandes improvisadores se entrenaron durante una media de diez mil horas a lo largo de un periodo de diez años antes de dominar el arte. Estos individuos también tienen una memoria funcional superior a la media y parecen tener una predisposición genética a la improvisación. Esta combinación de factores explica que pianistas como Keith Jarrett puedan convertirse tanto en compositores como en intérpretes casi a placer.

Tocar música: una reserva cognitiva para la vejez...

Quien empiece a acumular años podrá decirlo: a medida que envejecemos, nuestras funciones cerebrales se debilitan y perdemos algo de esa famosa plasticidad que nos permite aumentar el tamaño cerebral y la destreza en ciertas tareas. Una buena noticia, sin embargo, parece desprenderse de varios estudios recientes: practicar música ralentiza el deterioro cognitivo. De hecho, los investigadores proponen que podemos acumular una «reserva cognitiva» tocando música asiduamente, a cualquier edad.

En uno de estos estudios con personas de sesenta años se invitó a un grupo de sujetos a recibir clases de piano; otro era el grupo de control. Al cabo de seis meses, se examinó a todos los participantes. Quienes habían recibido formación musical mejoraron significativamente su memoria y habilidades motoras, en comparación con el grupo de control que no había recibido clases de piano. Pero seamos modestos: ¡no se puede empezar un entrenamiento musical a los sesenta años abordando el *Concierto para piano n.º 3* de Rajmáninov!

Los trastornos de la música

«La vida sin música es sencillamente
un error, una fatiga, un exilio».
Friedrich Nietzsche

Cuando la música no existe: amusia

Hace varios años, mi singular y turbador encuentro con Isabelle me replanteó la importancia de la música en mi vida. Esta sencilla mujer tiene un déficit: no puede percibir la música. Padece algo llamado amusia.

Durante su infancia tocaba el piano y cantaba en el coro de su parroquia. Sin embargo, los veintiocho años se le rompió una arteria del cerebro. Sufrió un derrame cerebral y ciertas partes de su sistema nervioso sufrieron daños importantes. Quedó paralizada de un lado del cuerpo y perdió la capacidad de hablar, escribir, leer y calcular.

Con el paso de los meses recuperó paulatinamente sus capacidades, excepto la percepción musical. Le cuesta describirme lo que oye y lo que siente cuando le ponen música. Una cosa es cierta: ya no puede descodificar melodías, tonos ni armonías. La música se ha convertido en un ruido molesto que prefiere no oír.

A Isabelle se la invitó a participar en los estudios de la neurocientífica Isabelle Peretz, que ha dedicado su vida a la neuropsicología musical y que, entre otras cosas, desarrolló lo que se conoce como el Protocolo de Montreal, una batería de pruebas diagnósticas para evaluar la amusia. Desarrollada en los años noventa, se ha convertido en la prueba estándar utilizada en todo el mundo para reconocer la amusia.

La amusia no es una enfermedad. Es una anomalía por la que varios aspectos de la percepción musical no significan nada para quien la padece. Puede ser congénita o el resultado de un derrame o lesión cerebral.

La corta historia de la amusia

Aunque no se habla mucho de ella, la amusia es bastante común y afecta a millones de personas. La primera persona que la mencionó fue una figura pintoresca y singular en la historia de la medicina, el neuroanatomista y fisiólogo alemán Franz Joseph Gall. También afirmó —y este fue su gran error— que la forma del cerebro podía determinar los rasgos del carácter. Según él, era la presión de los órganos cerebrales asociados a una determinada facultad mental la que provocaba las deformaciones en la superficie del cráneo. Lo convirtió en una ciencia, la frenología, hoy desacreditada. Sin embargo, aún seguimos diciendo: «¡Tiene una buena cabeza para las matemáticas!».

No obstante, su primera teoría, el localizacionismo, se ha confirmado en cierta medida. El localizacionismo se basa en la asociación de ciertas regiones específicas del cerebro con facultades mentales concretas. Nuestro debate sobre la música se hace eco de este planteamiento. Franz Joseph Gall propuso la hipótesis de que el cerebro cuenta con veintidós regiones bien definidas, cada una de las cuales representa una capacidad particular con su propia memoria y percepción. Aisló una para la música y la denominó «órgano musical». Como he explicado con detalle en los capítulos anteriores, ahora sabemos que ninguna región del cerebro se dedica exclusivamente a la percepción musical, pero el córtex auditivo en su conjunto es una región bien definida del lóbulo temporal, y esto es cierto en cualquier *Homo sapiens*.

Mientras Gall señalaba que algunos individuos eran incapaces de percibir correctamente la música tras un traumatismo, un neurólogo alemán, August Knoblauch, elaboró un modelo de cognición musical entre 1880 y 1890 y mencionó por primera vez la amusia como déficit de la percepción musical.

Amusia congénita

Se cree que la amusia congénita afecta al 1,5 por ciento de la población, que extrapolado a España serían unas 720 000 personas. La amusia congénita se refiere a la incapacidad de percibir las diferencias entre tonos, melodías y acordes disonantes frente a consonantes sin haber sufrido daño cerebral, pérdida auditiva, problemas cognitivos o falta de estimulación ambiental.

La mayoría de los estudios tiende a demostrar que una persona normal percibe todos los componentes de la música desde una edad muy temprana, incluso antes que el habla, pero en las personas con amusia congénita no hay nada que hacer. Sin embargo, pueden percibir muy bien el lenguaje y su musicalidad, lo que llamamos la prosodia de una lengua. Por tanto, debemos concluir que el área del lenguaje, la región de Broca, llamada así por el médico francés que la descubrió en el siglo XIX, está intacta. En quien padece amusia congénita, el ritmo se reduce al mínimo; sabemos que la percepción del ritmo se descodifica en varias regiones específicas.

Un estudio del BRAMS, dirigido por Isabelle Peretz y Robert Zatorre, también demostró hace unos años que las personas con amusia congénita tenían una cantidad anormalmente reducida de materia blanca (neuronas cubiertas por una vaina blanca de mielina que sirven para transportar impulsos eléctricos de una región a otra del cerebro) en regiones del lóbulo frontal inferior, las responsables de codificar el tono de las notas y memorizar melodías.

Amusia adquirida

La amusia adquirida es más frecuente. No es necesariamente permanente para quienes la padecen. Siempre la causa algún tipo de traumatismo en el cerebro, como un ictus o una conmoción cerebral. La mayoría de los estudios realizados con estos pacientes muestra que la amusia se produce cuando hay lesiones en el lóbulo temporal, en la región de la corteza auditiva y también en el lóbulo frontal.

La importancia de estudiar la amusia

Gracias al estudio de la amusia, Isabelle Peretz y otros investigadores de todo el mundo han logrado descubrir muchas regiones cerebrales responsables de la percepción musical. De este modo, la amusia ha contribuido enormemente a nuestra comprensión del cerebro musical. En medicina, la pérdida de una función suele ser la forma de determinar en qué parte del cerebro se encuentra la región responsable de esa actividad. Si la persona no puede oír la melodía, tiene una lesión en el lóbulo temporal del hemisferio derecho, donde se localiza la percepción melódica. Para el ritmo, está en el hemisferio izquierdo, y así sucesivamente.

El médico y revolucionario Ernesto «Che» Guevara, famoso por su participación en la Revolución cubana de Fidel Castro, padecía amusia. No sabía distinguir un foxtrot de un mambo. Por ejemplo, cuando invitaba a bailar a una mujer, pedía a su ayudante de campo que, discretamente, marcara el tiempo golpeando la mesa con la mano, que le servía de metrónomo.

Existe un caso famoso de «afasia sin amusia», es decir, una afección en la que el lenguaje se ve afectado, pero la música no. Es el caso del compositor Vissarión Shebalín (1902-1963), quien sufrió una repentina hemorragia cerebral en el lado izquierdo del cerebro a los cincuenta y siete años. Este accidente vascular lo dejó afásico, incapaz de comunicarse verbalmente. Ya no podía entender ni una sola pregunta ni expresarse de forma comprensible. Sin embargo, siguió trabajando con sus alumnos, escuchando y corrigiendo sus composiciones. Su dominio de la música era tal que él mismo compuso catorce corales, dos sonatas, dos cuartetos, once canciones y una sinfonía. Su música conservaba las mismas cualidades que antes de su afasia: un estilo académico, serio e intelectual.

Esto demuestra que las regiones que rigen la música son distintas de las que rigen el lenguaje.

Existen otros trastornos de la percepción musical menos conocidos y poco frecuentes. Merece la pena mencionarlos porque plantean cuestiones sorprendentes sobre la música y el cerebro.

Kim Peek, el músico científico

Siempre recordaré mi encuentro con Kim Peek, un hombre corpulento de unos cincuenta años que vino a verme al vestíbulo de un hotel de Salt Lake City, Utah. Parecía andar tembloroso, algo torcido. En una mano sostenía una estatuilla dorada, un óscar. Escondía unos ojos penetrantes bajo las gruesas gafas. No me ofreció la mano. Kim no es como los demás. Me agarró por los hombros y escrutó mi mirada durante largos e interminables segundos. Entonces dijo:

—¡Eres el hombre más increíble del mundo!

Si yo hubiera tenido un ego enorme, me habría sentido más que halagado, pero, como no es el caso, esa frase tan gratuita levantó mis sospechas. No conocía a ese hombre.

Fue el actor estadounidense Dustin Hoffman quien le dio su óscar. Al fin y al cabo, Kim Peek es el hombre que inspiró al protagonista de la película de culto *Rain Man*. Kim me cuenta con orgullo que Dustin Hoffman vivió con él varios días para intentar comprender cómo funcionaba su mente.

El autor, Michel Rochon, con Kim Peek, que padecía el «síndrome del *savant*» y quien inspiró al personaje principal de la película *Rain Man*.

Dustin Hoffman se dio cuenta rápidamente de que no podía interpretar a Kim Peek. En primer lugar, Kim no es autista. Le hicieron todas las pruebas y no encajaba en ese diagnóstico. Tenía el síndrome de *savant* o del sabio. El psiquiatra estadounidense Darold Treffert ha definido este síndrome como el de un individuo que posee una o más áreas de excepcional competencia, pero que padece trastornos del desarrollo. Solo uno de cada diez autistas tiene habilidades de *savant*. Kim Peek no cuenta con las habilidades matemáticas de Dustin Hoffman en la película, pero sí lo que se conoce como memoria eidética, acompañada de una fascinación por los números y por la aritmética.

Una memoria eidética es una memoria absoluta. Kim Peek retiene intacto en la memoria todo lo que le transmiten sus cinco sentidos en cada momento. Se cree que este síndrome empezó cuando tenía unos dieciséis meses. En total, ha leído y memorizado perfectamente más de doce mil libros, enciclopedias y obras de cultura general, a un ritmo de diez palabras por segundo, con una tasa de retención superior al noventa por ciento. Además, Kim es generoso: ha dado la vuelta al mundo y pronunciado conferencias ante un público de más de dos millones de personas. He asistido a una de ellas y puedo confirmar que sabe compartir sus conocimientos con humor y una sinceridad conmovedora.

¿Y dónde encaja aquí la música? Un día, por casualidad, Kim Peek se encontró con April Greenan, música, soprano, doctora en Historia de la Música y profesora de la Universidad de Utah. Kim está sentado al piano. Tiene cincuenta y un años y es la primera vez en su vida que toca una nota y luego otra. Finalmente, teclea una melodía. Sin embargo, no tiene formación musical, no sabe solfeo y, sobre todo, no ha adquirido ninguna técnica pianística.

Lo que toca es bastante desconcertante. Puede sacar de su memoria cualquier sección de una sinfonía y extraer la línea

Al piano, a la derecha, April Greenan, música, soprano e historiadora de la música. Ella fue quien descubrió que Kim Peek, a la izquierda, tenía un gran talento musical oculto.

melódica de un solo instrumento. Una proeza de la que solo son capaces los grandes directores, y para ciertas piezas que dominan a la perfección.

Fascinada, April Greenan se reunió con Kim en numerosas ocasiones para descubrir que su talento era el resultado de haber escuchado durante toda su vida los discos clásicos de su padre, y luego la radio clásica y popular, algo que no había hablado nunca con nadie. A Greenan le entristece que no se descubriera su talento de niño, ya que compara su comprensión de la estructura musical con la de los grandes compositores: «Hemos perdido la oportunidad de tener otro Mozart», dice.

Este «Rain Man» ha sido objeto de numerosas investigaciones científicas que buscaban comprender su cerebro un poco mejor. Varios equipos, incluidos investigadores de la NASA, han examinado sus imágenes, pero sin éxito. Comparado con un cerebro normal, el de Peek era mucho más grande. Un cerebro normal tiene un área llamada cuerpo calloso, cuyas fibras nerviosas unen los dos hemisferios cerebrales. Kim carecía de cuerpo calloso y no sabemos cómo podía funcionar sin él.

Su hipocampo, sede de la memoria, era aparentemente normal, lo que sorprende dadas sus inmensas capacidades. En cambio, su cerebelo estaba atrofiado por un defecto congénito que le dificultaba el movimiento y la coordinación: su padre tenía que ayudarlo a vestirse por las mañanas.

Según su psiquiatra, el doctor Daniel Christensen, esto demuestra que las estructuras anatómicas no significan gran cosa. Los mecanismos de la prodigiosa memoria de Kim son ciertamente misteriosos y residen en algún lugar de su neurofisiología, en el ámbito molecular o en un mayor número de conexiones entre neuronas. A diferencia de Kim Peek, nosotros no podemos extraer información de las distintas regiones del cerebro dedicadas a la memoria. Su cerebro musical estaba intacto. Kim Peek murió con todo su talento y sus enigmas en diciembre de 2009, a los cincuenta y ocho años.

Síndrome de Williams

Lisa Walsh es otra música superdotada. Esta montrealesa padece el síndrome de Williams. Como la mayoría de las personas con este trastorno genético, Lisa es una chica sonriente y positiva a la que le encanta estar rodeada de gente. Si se le da un micrófono y un escenario, Lisa Walsh ofrecerá un espectáculo de *jazz* memorable. Tiene un sentido innato del *swing*.

El investigador Daniel Levitin, de la Universidad McGill, se interesó por ella para entender cómo funciona esta superdotación en su cerebro. El síndrome de Williams se caracteriza también por un retraso mental, ciertas deficiencias en tareas espaciales, un rostro descrito a menudo como el de un duende, una serie de problemas cardíacos y un desequilibrio del calcio en sangre. Hasta la fecha, se han identificado anomalías en veintisiete genes del cromosoma siete. Se cree que el síndrome afecta a uno de cada veinte mil o uno de cada siete mil quinientos nacimientos, según los criterios utilizados para evaluar la enfermedad.

El don musical de Lisa y otras personas con síndrome de Williams fascina a Daniel Levitin, porque estos pacientes son incapaces de calcular nada, viven fuera del tiempo (no distinguen entre un minuto, una hora o un día), tienen dificultades para desplazarse y olvidan lugares y cosas. Sin embargo, sus habilidades musicales están intactas.

Por eso, Levitin realizó un experimento para explorar los cerebros de estas personas. Lisa y otros «Williams» escucharon su música favorita, mientras un segundo grupo de individuos normales hacía lo mismo. Lo que descubrió el neuropsicólogo Levitin es desconcertante y va en contra de todo lo escrito en este libro: ninguno de los Williams percibe la música en las regiones clásicas que he señalado. De hecho, y esto es bastante extraordinario, cada persona tiene sus propias áreas de percepción. Es más, Levitin ha descubierto que los Williams perciben la música en todo el cerebro, en una disposición muy aleatoria.

Pero comparten algo. Una región de su cerebro se activa intensamente: la amígdala. Como vimos en el quinto capítulo sobre la percepción, esta es la región de las emociones. La amígdala de los Williams está mucho más activa que la del grupo de control, lo que confirma que a estos pacientes les gusta especialmente la música, e incluso los sonidos en general. Para Daniel Levitin, se trata de una confirmación neuronal de la dimensión emocional que los Williams tienen de la música.

¿Cómo pueden percibir la música con precisión, en regiones distintas de las del resto de las personas? Esto pone en entredicho el principio de que cada región del cerebro corresponde a una función específica. La palabra clave aquí es «plasticidad»: aquí tenemos algunos ejemplos muy elocuentes que demuestran como todo el córtex tiene la capacidad de remodelarse según sea necesario para acomodarse a otras funciones. También lo vemos en las víctimas de accidentes o derrames cerebrales. La destrucción de una región, por ejemplo la del habla, no significa necesariamente el fin de esa función. Con rehabilitación, las regiones adyacentes toman el relevo y se reestructuran para acomodar la función del lenguaje. Esta plasticidad permite a Lisa Walsh interpretar *jazz* con tanta facilidad, terminando cada canción con su contagiosa y amplia sonrisa. Una lección de respeto que ayuda a romper los prejuicios que rodean a la enfermedad.

Si ciertas enfermedades nos han permitido comprender mejor la música y viceversa, quizá sea porque la medicina y la música son mundos entrelazados.

Música y medicina, juntas desde siempre

«El origen del mundo vio cómo la magia unía
espontáneamente el canto y la terapia».
Patrick L'Échevin, médico y músico

Un hermoso día del verano de 1981, me encontré frente al escaparate de una librería de Montreal, donde se exponía un libro nuevo con una cubierta negra donde las manos de un director de orquesta sostenían una batuta. El ademán era suave y grácil, y captó mi atención. El libro se titula *Musique et médecine,* y el autor es Patrick L'Échevin, un médico, cirujano y músico de treinta y un años. Estas páginas me retrotrajeron a mis estudios de Fisiología y a mi formación como músico. L'Échevin explica el poder de la música durante el proceso de curación, pero también la atracción que la música ha ejercido sobre médicos y curanderos a lo largo de los tiempos.

Música y medicina entre los griegos

Para continuar nuestra incursión en el mundo de la medicina y la música, debemos añadir otra figura a nuestra lista de griegos: Hipócrates, considerado el padre de la medicina, quien también era filósofo.

A él debemos el método de observación clínica, así como las normas deontológicas de la práctica médica que constituyen el famoso juramento hipocrático. En su texto *Sobre la na-*

turaleza del hombre, teorizó que nuestro estado de salud dependía de cuatro humores: la sangre, la flema (líquidos corporales producidos por inflamación), la bilis amarilla (presente en los vómitos y la diarrea) y la bilis negra (melancolía, que transforma la sangre y la flema en líquido negro). Hipócrates creía que la música podía influir en el equilibrio de estos humores.

También debemos mencionar a Aristóteles, otro gran filósofo que influyó enormemente en todo el pensamiento occidental. Este gran musicólogo de la Antigüedad reflexionó mucho sobre los conceptos y mecanismos por los que la música afecta a todo el mundo. De hecho, afirmaba que solo las artes del ritmo podían contribuir a la mejora moral, a la consecución de la calma y la serenidad y a la superación de cualquier angustia. El ritmo es un componente esencial no solo de la música, sino también del metabolismo humano.

Por término medio, el corazón late algo más rápido de una vez por segundo. Su ritmo nos acompaña toda la vida. Este compañero resuena en nuestro cuerpo 100 000 veces al día, 36,8 millones de veces al año y 3000 millones de veces si tenemos la suerte de llegar a la venerable edad de ochenta años.

Sin embargo, el ritmo cardíaco suele alterarse cuando sobreviene una enfermedad. A menudo se cita a Praxágoras de Cos, médico y discípulo de Hipócrates en el siglo IV a. C., como el padre pionero del ritmo cardíaco, ya que fue el primer médico que observó que se podía tomar el pulso palpando las venas. No obstante, fue otro famoso médico de la época, Herófilo, quien descubrió un vínculo entre el pulso y la música.

E gran filósofo, teórico de la música y médico árabe, el célebre Avicena (980-1037), cuyo verdadero nombre era Abu Ali Al Husayn Ibn Sina, también ejerció una influencia considerable tanto en el mundo musulmán como en Occidente. Escribió un centenar de obras, entre ellas el famoso libro *Al Quanun,* canon en el que se basó el plan de estudios de Medicina en las universidades cristianas hasta mediados del siglo

XVII. En esta obra, Avicena compara el latido del corazón con las proporciones musicales.

Hasta el siglo XVIII, algunos médicos se inspiraron en la música y utilizaron el ritmo para establecer diagnósticos. En 1747, por ejemplo, un médico francés de Nancy, el doctor Marquet, publicó *L'Art de connaître et de désigner le pouls par la musique* ('El arte de conocer y mostrar el pulso con la música'). Comparaba los latidos del corazón con los movimientos rítmicos de la música y pretendía visualizarlos mediante la notación musical, ya se tratara de pulsaciones dobles, arritmias o taquicardias. Fue una ingeniosa ocurrencia que, sin embargo, se quedó en nada.

Con el mismo espíritu, un cardiólogo quebequés ha compuesto recientemente una obra sinfónica que combina la enfermedad cardiaca —arritmia del corazón— y la música: *Cœur, poèmes symphoniques pour chœur et orchestre* ('Corazón, poemas sinfónicos para coro y orquesta'). El libreto es del doctor François Reeves y la música, del compositor Gilles Bellemare.

El doctor Reeves lo explica así:

Cœur, poèmes symphoniques pour chœur et orchestre ('Corazón, poemas sinfónicos para coro y orquesta') es una obra que musicaliza los distintos trastornos de ese órgano vital que es el corazón. La música es del compositor Gilles Bellemare y el libreto del cardiólogo François Reeves.

La orquesta es el corazón, el coro es la psique. Cinco salas, cinco pacientes, cinco exámenes, cinco arritmias, cinco etapas de la vida. En cada sala, el médico se encuentra con una persona que padece una cardiopatía o una arritmia. También le confía sus sentimientos y pensamientos durante este difícil periodo. La auscultación y la arritmia propias de cada afección sirven de telón de fondo para el sonido y el ritmo expresados por la orquesta. El coro canta los sentimientos del paciente, que, como ocurre a menudo durante el aislamiento forzoso, rememora un episodio de su vida.

Esta obra es un homenaje a un gran médico y músico: el francés René Laennec, padre de la auscultación moderna.

René Laennec: de la flauta al estetoscopio

Además de médico, René Laennec era también un excelente flautista. En 1816 fue nombrado médico del hospital Necker de París. Se interesó especialmente por las enfermedades pulmonares. Al igual que sus colegas, realizaba sus diagnósticos golpeando con los dedos sobre los pulmones; así, detectaba diferencias sonoras cuando los pulmones estaban obstruidos.

Sin embargo, esta técnica no acababa de convencerlo; era demasiado rudimentaria para su gusto. Una tarde, durante un paseo cerca del Louvre, vio a unos niños que se divertían escuchando los sonidos procedentes del extremo de un largo tubo metálico.

«¡Eureka!», pensó el flautista, y corrió al hospital. Enrolló una hoja de papel, presionó un extremo contra el pecho de un paciente y el otro contra su oído. *Et voilá:* oía claramente los sonidos del corazón y de la respiración pulmonar.

René Laennec acababa de inventar la auscultación y también el estetoscopio, un instrumento que permitía detectar multitud de enfermedades respiratorias, incluida la tuberculosis. En 1819 publicó su *Traité d'auscultation médicale* y transformó para siempre la práctica médica. Su estetoscopio en forma de flauta testimonia esta extraña fusión de las artes médica y musical. El cilindro como productor de sonidos: los de la enfermedad y los de la música.

Edward Jenner: vacunas y canciones

El médico, científico y naturalista Edward Jenner (1749-1823) merece aclamación universal por haber estudiado científicamente la vacuna contra la viruela y haberse convertido así en el padre de la inmunología. Varias personas antes que él habían probado, con cierto éxito, una vacuna elaborada a partir del pus extraído de las ampollas de las ordeñadoras que habían contraído la *vaccinia,* una enfermedad infecciosa de las vacas parecida a la viruela humana, pero menos agresiva. Estas mujeres con *vaccinia* estaban protegidas contra la viruela.

El 14 de mayo de 1796, Jenner inoculó a un niño de ocho años, James Phipps, el contenido de las vesículas de una ordeñadora que había contraído la *vaccinia* de una vaca llamada Blossom. Entonces, el médico expuso al niño directamente a la enfermedad, que no llegó a desarrollarse. El resto es historia. Jenner se hizo mundialmente famoso, pero poca gente sabe que este médico también era músico. Le encantaba cantar y tocar tanto el violín como la flauta (igual que a Laennec), además de componer. Se publicaron algunas de sus canciones; la más conocida es «Signs of Rain». Edward Jenner era famoso por sus actuaciones en las veladas colectivas.

Doctor Hector Berlioz: la lucha
por convertirse en compositor

Hector Berlioz (1803-1869), uno de los grandes compositores franceses del siglo xix y famoso por su célebre *Sinfonía fantástica,* nació en una familia de médicos: su abuelo, su tío y su padre lo eran. A pesar del genio precoz de Hector y de su tenaz deseo de convertirse en músico y compositor, su padre lo obligó a estudiar en la facultad de Medicina y continuar la tradición familiar. Hector cumplió los deseos de su padre y terminó sus estudios en 1824, pero su amor por la música lo atormentaba.

Comenzó a recibir clases de composición en el Conservatorio, con el ilustre compositor Jean-François Lesueur. Cuando Lesueur escuchó la misa compuesta por Berlioz, admitió que el joven debía dejar la medicina y convertirse en un músico brillante. La historia dio la razón al profesor: Hector Berlioz encarnó el símbolo del Romanticismo francés, y su vida se desarrolló como una sucesión de «aventuras, éxtasis, miseria, ruina y triunfos embriagadores», por resumir el pensamiento de su biógrafo, Adolphe Boschot.

Aleksandr Borodín: dos carreras de éxito

El compositor y músico ruso Aleksandr Borodín, nacido en San Petersburgo, también siguió el sinuoso sendero que le trazó su familia. Borodín nació tras un fugaz romance entre el príncipe georgiano Luká Stepánovich Guédianov, entonces de sesenta y dos años, y la hija de un soldado, apodada Dounia, de veinticinco. El príncipe, bondadoso, compró a la madre una casa de cuatro plantas y nombró heredero al niño. Aleksandr era un prodigio: no tardó en sentirse atraído por la música y aprendió a tocar la flauta, el piano y el violonchelo. A los diez años se apasionó por la química, lo que no le impidió componer un *Concierto para flauta y piano* y un *Trío para dos violines y violonchelo* a los trece años.

Con el tiempo, su madre se casó con un médico militar, decidida a que el joven Aleksandr también se convirtiera en médico. A los quince años ingresó en la Academia de Medicina, a su pesar; sin embargo, afortunadamente, pudo mantener su pasión por la música y se unió al Grupo de los Cinco,

formado por músicos de trayectorias muy dispares: Mili Balá-
kirev, matemático; César Cui, profesor de fortificación de la
Academia de Ingenieros; Modest Músorgski, militar, y Nikolái
Rimski-Kórsakov, miembro de la Armada Imperial. El Grupo
de los Cinco tiene fama de haber inaugurado la tradición de la
verdadera música nacional rusa.

Aunque a Borodín no le gustaba mucho tratar pacientes,
su pasión por la química lo convirtió en un gran investigador.
Destacan sus descubrimientos en química orgánica, entre ellos,
la condensación aldólica (que consiste en crear enlaces entre
átomos de carbono). De hecho, una reacción lleva su nombre:
la reacción Borodín-Hunsdiecker (¡cuya explicación detallada
nos haría perder el hilo musical!). Borodín se autodenominaba
compositor de domingos, pero legó a la posteridad una ópera
emblemática *(El príncipe Ígor)*, tres sinfonías, dos cuartetos de
cuerda y música de cámara.

La fusión perfecta entre médico y músico: Albert Schweitzer

El alsaciano Albert Schweitzer era médico, pastor, teólogo pro-
testante, filósofo y también músico; concretamente, organista.
Se lo considera un pionero de la acción humanitaria, la eco-
logía y el desarme nuclear. Recibió el Premio Nobel de la Paz
en 1952.

Schweitzer se ocupó de los más desamparados de África,
pero ante todo afirmó ser músico, un apasionado de la obra de
Johann Sebastian Bach, a quien dedicó un profundo estudio
musicológico: *Johann Sebastian Bach, el músico poeta.* A lo largo de su vida, Albert Schweitzer dio casi quinientos recitales de
órgano, realizó setenta grabaciones y también contribuyó en la
elaboración de estándares internacionales para la construcción
de órganos.

Es quizá el mejor ejemplo de la fusión de medicina, música
y humanismo. Dicen sus críticos que solía tocar a Bach dema-

siado despacio. Tal vez lo hacía para resaltar la complejidad matemática de la obra, su esencia musical. El hombre que más respetaba la vida demostró que la praxis terapéutica del médico se complementa con la música para la sanación del alma y el corazón.

David Saint-Jacques: médico, ingeniero, astrofísico, astronauta... y músico

Hace unos años tuve la oportunidad de entrevistar al astronauta y músico David Saint-Jacques para Radio-Canada. A propósito de músicos astronautas, el lector quizá recuerde a Chris Hatfield, mundialmente famoso por tocar «Space Oddity», del difunto David Bowie, a bordo de la Estación Espacial Internacional. Por su parte, David Saint-Jacques ha ejercido la medicina en el entorno más exigente y hostil del país, el extremo norte de Quebec.

Como la mayoría de los astronautas, este hombre es excepcional. Pocas personas en este planeta son médicos, ingenieros, astrofísicos y astronautas, todo en uno. Cuando me reúno con él, me conduce a una habitación de su casa donde se retira de vez en cuando. Entonces coge una caja y saca una flauta shakuhachi, un instrumento de origen chino introducido en Japón en el siglo vi.

David Saint-Jacques esboza una amplia sonrisa, se arrodilla en una esterilla, cierra los ojos para concentrarse y se lleva el bambú a la boca. Sopla suavemente para producir una melodía muy agradable. Lo miro fascinado, pero no sorprendido de asistir al concierto privado de otro médico.

En el budismo zen, el acto de tocar la flauta shakuhachi se denomina *suizen,* el arte de respirar y tocar meditando para alcanzar la plena autorrealización. De hecho, es el principal instrumento utilizado para acompañar los cantos rituales budistas. El astrofísico descubrió la shakuhachi cuando instalaba equipos de última generación en telescopios de Japón. Tocar

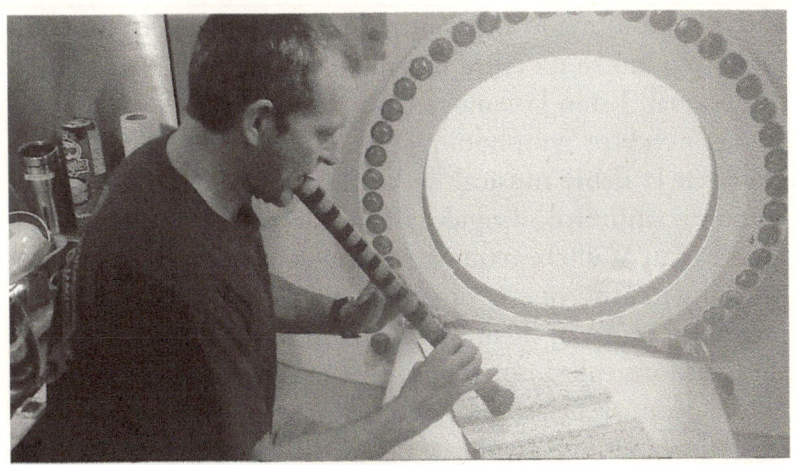

El astronauta canadiense David Saint-Jacques toca la shakuhachi en la base submarina NEEMO el 15 de octubre de 2011.

este instrumento le devuelve la paz interior cuando su trabajo se torna demasiado exigente. Hablando de los vínculos entre música y medicina, me dice: «La música no es una abstracción, es algo muy fisiológico, profundamente anclado en el cuerpo: todo nuestro ser reacciona a ella. También es una forma muy poderosa de expresar emociones e influir en el estado de ánimo. Es una de las funciones más bellas del organismo humano». De hecho, se queja de no dedicarle tiempo suficiente a la shakuhachi. Si la personalidad de un músico determina la elección del instrumento, me parece que la amabilidad de este hombre y la dulzura de esta flauta encajan a la perfección.

Música y medicina, servir y curar

Durante la formación musical se desarrollan ciertas habilidades: la escucha, la concentración, la colaboración y la empatía cuando se toca en grupo, así como una atención al detalle que roza la obsesión y la aspiración a la excelencia. Son cualidades que también se aprovechan en la formación y el ejercicio de la medicina. Tantos médicos tocan música que a lo largo de los años se han formado varias orquestas de médicos. Es un fenómeno que no se da entre ingenieros, contables u otro grupo profesional. Están la famosa Orchestre des Médecins d'Europe, la Orchestre Symphonique des Médecins de France y, para culminar la fiebre musical, la World Doctors Orchestra. Este conjunto sinfónico, dirigido y fundado por el cardiólogo alemán Stefan Willich, reúne a mil médicos de todo el mundo, lo cual garantiza que la organización siempre disponga de al menos un centenar de músicos para cada concierto.

En Montreal también existe I Medici di McGill, una orquesta de música clásica formada principalmente por médicos, estudiantes e investigadores de medicina. Johanne Thibaudeau, médica generalista, es una de ellos. Empezó a tocar el piano a los seis años y decidió dedicarse también al violín ya en la facultad de Medicina. Para ella, la medicina y la música tienen el mismo objetivo: cuidar y curar a los demás.

Muchos médicos dicen que su pasión por la música también nace de su pasión por un trabajo exigente que requiere concentración: otro punto en común entre médicos y músicos.

Para concluir este capítulo, sería negligente por mi parte no mencionar al hombre que hace cuarenta años despertó mi curiosidad por el cerebro musical: el médico francés Patrick L'Échevin. Al final de *Musique et médecine*, afirma: «El origen del mundo vio cómo la magia unía espontáneamente el canto y la terapia [...]. Veinte siglos de historia nos han mostrado los numerosos vínculos entre el mundo de la música y el de la medicina. Estas relaciones continúan hoy, perfeccionándose y desarrollándose aún más, y cada campo comparte los beneficios de su progreso con el otro». Cuarenta años después, sus palabras han demostrado ser ciertas y proféticas.

Musicoterapia: una puerta que se abre

«La música tiene el poder de la resiliencia, ya que puede traer
de vuelta una emoción pasada y permitir que se reelabore
gracias al canto y los recuerdos asociados».

Boris Cyrulnik

Cuando la musicoterapeuta Micheline L'Espérance entra con
lentitud a la gran sala común del Instituto Universitario de Ge-
riatría de Montréal, decenas de pacientes aquejados de diversas
demencias, incluida la enfermedad de Alzheimer, llevan varios
minutos sentados, silenciosos e inmóviles.

Guitarra en mano y con una sonrisa en la cara entona una
canción. Su voz y las cuerdas de su instrumento llenan de repente
la sala. Los ojos se abren, las cabezas se alzan y algunas personas
muestran una sonrisa súbita. La musicoterapeuta se mueve al centro de la sala. Tras unos segundos, los pacientes se levantan y se
produce el «milagro». Estos enfermos de gravedad, perennemente
atrapados en la inmovilidad y el silencio, cantan, bailan y charlan.

Estoy presente en esa sala y debo admitir que el momento
es, cuando menos, conmovedor. Sin embargo, los efectos de la
musicoterapia no son curativos: en cuanto Micheline L'Espérance deja de tocar, los pacientes vuelven a enmudecer, regresan a
sus sillas y retorna el gran silencio de la demencia.

Ahora se acepta que esta terapia, llevada a cabo por musicoterapeutas profesionales, reduce los síntomas negativos del
alzhéimer: estrés, paranoia, confusión y agitación en los enfermos. ¿Cómo se explica esto?

¿Cómo ayuda la musicoterapia a sobrellevar la enfermedad de Alzheimer?

La enfermedad de Alzheimer es una demencia incurable, progresiva e irreversible. El médico alemán Alois Alzheimer la describió en 1906. Ahora sabemos que la causan lesiones en el cerebro: placas seniles formadas por una proteína llamada amiloide, así como deformaciones en las estructuras internas de las células cerebrales (proceso conocido como degeneración neurofibrilar).

Cuando se forman las primeras placas seniles, inicialmente la persona afectada manifiesta una ligera pérdida de memoria, amnesia combinada con pequeñas distracciones y problemas de coordinación al realizar tareas sencillas. Sin embargo, los recuerdos lejanos permanecen intactos.

Con el tiempo, estas placas se extienden a las cortezas frontal y temporoparietal, regiones vinculadas a funciones ejecutivas como la toma de decisiones y el lenguaje. Esta progresión de la enfermedad conduce a problemas más graves de confusión, irritabilidad y agresividad. A continuación se ven afectadas las estructuras más profundas del cerebro, incluidas las zonas donde se aloja la memoria a largo plazo, como el hipocampo. Cuando se degeneran las funciones autonómicas, la suerte está echada y la persona fallece.

Sin embargo, escuchar música tiene un efecto en muchas zonas del cerebro, y su huella permanece mucho tiempo antes de desaparecer. El difunto neurólogo, investigador y divulgador neoyorquino Oliver Sacks, como muchos médicos, vio en ello la oportunidad de desarrollar una terapia para tratar la enfermedad de Alzheimer. Lo convirtió en el tema de uno de sus libros, *Musicofilia,* que se convirtió en un éxito de ventas y dio la vuelta al mundo en forma de documental.

Al igual que otros investigadores, constató que tocar activamente un instrumento implica a varias regiones del cerebro.

Los médicos obtienen mejores resultados con las piezas preferidas de los pacientes durante su juventud: esta música activa el hipocampo y otras regiones de la memoria, que a su vez desencadenan el habla y los recuerdos.

Una enfermedad incurable

En 2014 tuve el privilegio de moderar la Cumbre sobre Demencia del G7 en Ottawa (Canadá). Convocó la reunión el primer ministro británico, David Cameron, quien deseaba ultimar un plan de acción internacional para combatir esta enfermedad de proporciones preocupantes.

De hecho, si comparamos el coste de la gestión de la enfermedad de Alzheimer con el presupuesto de un país, ocuparía la décimo octava posición mundial, con una carga financiera de un billón de dólares al año. Esta cifra astronómica contempla los costes directos e indirectos de la gestión de la enfermedad, pero no considera el gran impacto social y la pesada carga que supone el cuidado de estas personas para sus familias y seres queridos.

Durante los dos días que duró la cumbre, escuché a cientos de investigadores, directivos y líderes de la industria farmacéutica destacar la falta de dianas terapéuticas para probar nuevos fármacos. Hoy en día ningún fármaco parece abordar las causas reales de la demencia. La enfermedad mantiene inexorable su paulatino camino hacia la larga amnesia que precede a la muerte.

Me gustaría destacar la notable labor del investigador canadiense Yves Joanette, antiguo director del Consejo Mundial de la Demencia, por reunir a las principales fuerzas mundiales de la investigación básica y trabajar incansablemente en la búsqueda de una solución a este problema. Cuando organicé esta cumbre, se fijó el año 2020 como fecha límite para obtener tratamientos eficaces contra esta enfermedad.

Musicoterapia para combatir
la enfermedad de Parkinson

Como ya se ha explicado, la música está profundamente ligada al cuerpo. Dado que la enfermedad de Parkinson, un atroz trastorno neurodegenerativo, merma las habilidades motoras, varios investigadores, entre ellos Jessica Grahn, del Instituto Cerebro y Mente de la Universidad de Ontario Occidental, exploran la idea de utilizar la música como terapia para conservar las habilidades motoras el mayor tiempo posible.

Jessica Grahn ha descubierto que los enfermos de párkinson tienen problemas para percibir el ritmo. Por su parte, la música actúa sobre los ganglios basales, los núcleos del centro del cerebro que, entre otras cosas, garantizan la fluidez de los movimientos voluntarios. Estas regiones también están asociadas al síndrome de Tourette y a la enfermedad de Huntington.

Los enfoques de la musicoterapia

La musicoterapia debe estar supervisada por un profesional para ser eficaz. No se trata de que el terapeuta improvise para mejorar la salud de un amigo o familiar. Los musicoterapeutas con formación universitaria (como la que ofrece la Universidad Concordia de Montreal) conocen técnicas que pueden mejorar las funciones cognitivas, las habilidades motoras y sociales, la calidad de vida y el equilibrio emocional del paciente.

En síntesis, la musicoterapia puede ser pasiva (se escucha música elegida específicamente para producir un efecto concreto) o activa (mediante sesiones con el terapeuta en las que se toca un instrumento en solitario o en grupo, se baila, se escucha música y se debate después sobre ella). Durante el siglo pasado, músicos y compositores de renombre definieron varios enfoques basados en una metodología musical que responden a esta necesidad terapéutica.

Más allá de Carmina Burana

El alemán Carl Orff, compositor de los imponentes y populares *Carmina Burana* para coro y orquesta, desarrolló un método para enseñar música en un entorno lúdico, que, por definición, deja mucho espacio a la improvisación y a la libertad de cada uno para progresar a su ritmo.

El enfoque Orff es una forma de explorar la música a través de la experiencia. Los instrumentos utilizados en sus talleres —xilófonos, marimbas, percusión— se centran en el ritmo, considerado el elemento primigenio de la expresión musical. El método está muy extendido gracias a la presencia de asociaciones Orff en muchos países.

Este enfoque coincide con los objetivos de la musicoterapia porque mejora la coordinación, la destreza y la concentración de los pacientes, y por eso está convirtiéndose en una herramienta de musicoterapia para muchas personas con discapacidades físicas y psíquicas. Incluso las personas con problemas auditivos pueden sentir las vibraciones de estos instrumentos. Además, quienes padecen ceguera o una visión muy reducida pueden reaprender a expresar con más profundidad —un problema para estas personas— adaptando su interpretación musical gracias a estos instrumentos.

La euritmia de Dalcroze

A principios del siglo pasado, otro compositor, músico y profesor, el suizo Émile Jaques-Dalcroze (1865-1950), se interesó por nuevas formas de enseñar música. También optó por recurrir al ritmo y la improvisación, a lo que añadió un importante elemento de trabajo con la voz y teoría musical. Desarrolló el concepto de «euritmia», derivado de otra piedra angular de los primeros ritos musicales: el movimiento.

Para este profesor, el cuerpo debe transformarse en un instrumento musical. Música y movimiento: la música llega a través del cuerpo. Se dio cuenta gracias a sus mejores alumnos, que siempre gesticulaban durante sus interpretaciones musicales. Por eso, Émile Jaques-Dalcroze desarrolló toda una serie de movimientos y posturas para ayudar a los músicos a vincular la música con su interpretación.

Este método, impartido en las principales universidades, ha influido en el mundo de la musicoterapia por la importancia que concede al vínculo entre música y movimiento.

El método Kodály

Hungría produjo dos grandes compositores en el siglo xx: Béla Bartók y Zoltán Kodály. Ambos se hicieron grandes amigos cuando Kodály compartió ciertos trucos con Bartók que lo ayudaron a grabar canciones tradicionales húngaras. La pasión de ambos por la belleza de esta música es la fuente principal de sus obras.

Sin embargo, Zoltán Kodály fue mucho más que un compositor y etnomusicólogo; también se desempeñó como lingüista, filósofo y profesor. Dejó un importante legado: el método Kodály, que la UNESCO incluyó en el Registro de Buenas Prácticas de Salvaguardia en 2016.

Su enfoque surgió de una reflexión sobre el lamentable estado de la educación musical de los jóvenes en la Hungría de los años veinte y treinta. Kodály se basó en multitud de técnicas, incluidas las de Dalcroze para el movimiento y el ritmo: la grandeza de su enfoque consiste en saber combinarlas para conseguir una eficacia unitaria. El ritmo se escucha, se transforma en sílabas rítmicas y, luego, en canto y movimiento rítmico.

Una de las particularidades de este método de enseñanza es el uso de las manos para simbolizar el tono de las notas. Es un principio tan eficaz que Steven Spielberg lo empleó como medio de comunicación con extraterrestres en su película *Encuentros en la tercera fase*.

En última instancia, Orff, Dalcroze y Kodály abrieron el camino a una nueva forma de considerar el vínculo entre la música, el cerebro y el cuerpo. El objetivo de estos métodos es amplificar la reacción al estímulo sonoro para integrarlo en un proceso terapéutico más eficazmente. Hoy en día estos enfoques están de plena actualidad. Al amplificar la estimulación rítmica a través del movimiento, así como la del tono, la melodía y la musicalidad a través de la voz, el cerebro refuerza por multitud de vías todos los elementos que componen la música en su conjunto. Un cuerpo enfermo no puede sino beneficiarse de estas técnicas destinadas a mejorar la percepción y la interpretación musicales.

Los beneficios de la musicoterapia, desde bebés prematuros hasta adolescentes

Actualmente, la musicoterapia se utiliza en casi todo el mundo con todos los grupos de edad. Existen programas incluso para bebés prematuros, impartidos por musicoterapeutas, directamente en las unidades de cuidados intensivos neonatales, que estimulan los mecanismos de lactancia, respiración y deglución mediante varias técnicas, al tiempo que proporcionan un entorno tranquilo y relajante para el bebé.

En el caso de los niños, la musicoterapia se utiliza sobre todo en el contexto de la rehabilitación sensoriomotora, cognitiva o comunicativa. Además, el ritmo musical puede facilitar la rehabilitación tras un ictus. El canto, por su parte, puede tener un efecto positivo en varios trastornos que causan problemas respiratorios o del habla, como la afasia, una dificultad para hablar y comprender el lenguaje.

La musicoterapia también se utiliza en adolescentes con trastornos emocionales. Un metaanálisis realizado por Christian Gold, de la Academia Grieg (que lleva el nombre del famoso compositor Edvard Grieg) de la Universidad de Bergen (Noruega), ha evidenciado el efecto de la musicoterapia tanto en niños como en adolescentes que sufren trastornos relacionados con el desarrollo conductual y emocional. Los resultados muestran una mejora de los síntomas en función del número de sesiones a las que se asista.

También hay un interés creciente en la musicoterapia para niños con autismo. En este caso, la musicoterapia no debe verse como un fármaco, sino como una herramienta para mejorar la comunicación y la calidad de vida del niño. Sin embargo, ¿podría ser más que eso? En 2017, Christian Gold publicó un estudio diseñado para medir los beneficios de la musicoterapia en 364 niños con autismo, de entre cuatro y seis años y de nueve países, lo que supone una muestra bastante considerable en el mundo de la investigación musicoterapéutica. Dividió a los niños participantes en dos grupos: uno recibía musicoterapia y otro, no. Conviene precisar que se trataba de una terapia con muchos recursos, realizada por musicoterapeutas que practicaron la improvisación interactiva con instrumentos musicales durante un periodo de cinco meses. Gold no encontró ninguna mejora significativa de los síntomas de la enfermedad durante ese periodo, ni en el primer ni en el segundo grupo. Como él mismo afirma, esto no significa que la musicoterapia no tenga sentido. Todavía se necesitan más investigaciones, durante periodos más largos y con muestras más amplias, para llegar a una conclusión definitiva sobre los beneficios de la musicoterapia en niños autistas. Entendemos que, según el análisis de Gold, la música debe ofrecerse a los niños que tengan interés por la música o cuyas capacidades verbales sean limitadas. Si la música puede mejorar su calidad de vida, eso ya es un gran paso.

Cardiopatías

Cada vez más cardiólogos coinciden en que el enfoque médico alopático clásico (fármacos y cirugía) no es suficiente para todo. Algunos están abiertos a un enfoque holístico que incluya meditación, acupuntura e incluso musicoterapia, para reducir el riesgo de otro incidente cardíaco.

Las personas que padecen enfermedades cardiovasculares están expuestas a un alto nivel de estrés a lo largo de su tratamiento médico: diagnóstico, hospitalización, operación, miedo a morir, dudas sobre su recuperación. En 2013, médicos y epidemiólogos de Cochrane, un grupo médico conocido en todo el mundo por sus amplias revisiones del estado de la investigación científica, repasaron los estudios sobre musicoterapia en pacientes cardíacos y confirmaron que escuchar música repercute en la ansiedad de estos pacientes, sobre todo en los que han sufrido un infarto de miocardio (el efecto es aún mayor si los pacientes eligen la música). También descubrieron que la música afectaba positivamente en la presión arterial, la frecuencia cardíaca, la calidad del sueño y el dolor. Sin embargo, el efecto clínico aún no es concluyente, ya que el número de estudios —26 en total, con 1369 pacientes— no es suficiente y podría haber sesgos en los resultados.

Accidentes cerebrovasculares

Hay dos tipos de ictus: isquémico, causado por la falta de sangre en una zona concreta del cerebro, y hemorrágico, producido cuando se rompe un vaso sanguíneo. Los daños cerebrales suelen ser importantes para quienes sobreviven a un ictus: oscilan entre la hemiplejia y la pérdida del lenguaje, la memoria o la locomoción, entre otras cosas. Algunos se recuperan y otros no, y la rehabilitación suele ser larga. Varios estudios han puesto de relieve el éxito de la rehabilitación mediante terapias convencionales y musicoterapia. Los resultados demuestran que, al combinar ambas, la música ayuda a recuperar la flexibilidad y la movilidad de las extremidades, además de mejorar el estado mental.

Otra importante revisión de la literatura científica realizada por el Grupo Cochrane en 2017 halló, tras examinar casi treinta estudios clínicos, que la musicoterapia mejoraba varios factores como la postura, la sincronización de movimientos, el lenguaje y la comunicación, y la calidad de vida en general. Según los autores, se necesitan más estudios antes de poder hacer recomendaciones clínicas, pero los resultados son alentadores.

Musicoterapia y trastornos cerebrales

En 2012, el documental estadounidense *Alive Inside: A Story of Music and Memory* ('Vivo por dentro: una historia de música y memoria') influyó considerablemente en el uso de la música como herramienta terapéutica para tratar la enfermedad de Alzheimer, entre otras afecciones. Más de once millones de internautas vieron la famosa secuencia en la que un hombre que padece la enfermedad se despierta con una canción de Cab Calloway, la música de su juventud. Este documental impulsó la creación de iniciativas como Music & Memory en Estados Unidos, Canadá y Europa. Los pacientes de este programa reciben iPods con listas y selecciones musicales. La iniciativa está muy lejos de la musicoterapia estructurada bajo la supervisión de especialistas, pero cientos de residencias y hospitales de ancianos ofrecen ahora música en estos entornos, a menudo faltos de estímulos y actividades culturales. El éxito terapéutico de este enfoque está por ver.

La musicoterapia también se abre paso en el tratamiento de ciertos trastornos neurológicos en adultos, pero conviene tener cuidado antes de concluir que sus efectos terapéuticos son comparables a los de las intervenciones médicas convencionales.

En cuanto a la esquizofrenia, la depresión y el trastorno de estrés postraumático, la calidad de los estudios sobre musicoterapia aún no permite determinar sus efectos duraderos. Habrá que esperar a los resultados de estudios a gran escala, realizados con una metodología sólida, para saber si la música puede ayudar a estos pacientes. En cualquier caso, la importancia de la musicoterapia para mejorar la calidad de vida de los pacientes debe considerarse un complemento válido de la asistencia.

Historia de la música como terapia

La musicoterapia existe desde hace al menos dos milenios y hunde sus raíces en la Antigüedad. Apolo era un dios de importancia capital en el Olimpo: una divinidad musical, el patrón de los músicos, quienes desempeñaban un papel importante en la sociedad helena de la época. Para los griegos, la música no era solo una forma de entretenimiento, también permitía a la gente afrontar sus miserias particulares.

Platón afirma que escuchar música afecta a las emociones e incluso puede influir en el carácter de una persona. Aristóteles es del mismo parecer, y añade que la música puede incluso purificar las emociones. En cuanto al padre de la medicina, Hipócrates, tocaba música para tratar a los pacientes que sufrían enfermedades mentales.

Islam y musicoterapia

El uso de la música con fines terapéuticos no es exclusivo de la cultura griega. Este enfoque se ha cultivado en muchas civilizaciones a lo largo de la historia. Durante el siglo XIII, varios hospitales del mundo árabe reservaron salas de música para los pacientes. Este método se basaba en las teorías de los grandes pensadores al-Farabi, al-Razi e Ibn Sina. En el mundo musulmán, la gran creación cósmica comienza con una palabra y un sonido, *kü l kök*. Cabe destacar la diferencia con el relato de la génesis del mundo según los astrofísicos, que comienza con un gran silencio conocido, paradójicamente, como Big Bang.

La música cautivó al filósofo turco al-Farabi (872-950), conocido en Occidente como Alfarabi. En su libro *Kitab al-Musiqa (El libro de la música)*, menciona las cualidades cósmicas de esta forma de arte y su influencia en los seres humanos. En su epístola *Sobre los sentidos del término «intelecto»*, describe los numerosos efectos terapéuticos de la música en el alma.

También sabemos que, durante los primeros tiempos del islam, se utilizaba la musicoterapia en el norte de África y en otros lugares de Oriente Próximo. En Fez, Bagdad, El Cairo, Damasco y Alepo se construyeron sanatorios para enfermos mentales, quienes, además de fármacos y baños, también recibían musicoterapia. Todos los días, coros y orquestas les ofrecían espectáculos destinados a su curación.

Mientras tanto, en Occidente...

Este desvío por Oriente Próximo y el mundo islámico resulta, cuando menos, fascinante, y nos recuerda que la música es una herramienta terapéutica que trasciende culturas. En Occidente, el potencial terapéutico de la música se identificó, analizó y aplicó ya en el siglo XVII.

El académico inglés Robert Burton es famoso por su libro *La anatomía de la melancolía*, publicado en 1621. Como hemos visto, en aquella época la melancolía se consideraba una enfermedad humoral (una enfermedad mental, diríamos hoy, porque en realidad se trata de una depresión) causada, según se creía, por un exceso de «bilis negra».

En su imponente obra de novecientas páginas, Burton se basa en todos los conocimientos médicos disponibles desde los griegos hasta su propia época para postular que música y danza son herramientas terapéuticas que deben formar parte del tratamiento de la melancolía.

Además, señala que la clave está en la selección y prescripción adecuadas de la música, ya que algunas obras pueden desencadenar una ligera melancolía, mientras que otras son realmente beneficiosas.

El sistema nervioso como vínculo entre cuerpo y mente

La musicoterapia surgió cuando los anatomistas y médicos del siglo XVIII se dieron cuenta de que la conexión mente-cuerpo tenía que pasar por el sistema nervioso. Se escribieron numerosos libros donde se daba por sentado que la música calma los nervios e incluso puede devolver la armonía a un metabolismo enfermo.

En 1807 se publicó el más famoso de estos libros: *Der musikalische Arzt* ('El médico musical'), de Peter Lichtenthal, (otro médico, músico y compositor, además de descendiente de la familia Mozart). Lichtenthal recomendaba una «dosis musical» específica para estimular los nervios y mejorar la salud.

El gran punto de inflexión en el siglo XX coincidió con las dos guerras mundiales, cuando la musicoterapia se popularizó en los hospitales militares. Actualmente, el ejército estadounidense mantiene un amplio programa de musicoterapia para sus soldados.

El lugar de la musicoterapia está más que justificado en una medicina humanística, que ve la enfermedad como un fenómeno más complejo que la simple alteración de un órgano del cuerpo humano.

La música en los genes

«En cierto modo, la genética no es más que un recuerdo. La memoria de nuestra evolución, incrustada en nuestra carne».

Jean-Christophe Grangé,
Le Concile de pierre

Mi primer encuentro con el teclado fue estimulante. Espontáneamente, dejé que mis dedos explorasen el marfil de las teclas, que mi oído descubriera el valor de cada nota. Aunque carecía de técnica, quería tocar algo que brotara de mí.

Para consternación de mi profesor, esta tendencia mía a la improvisación impidió que practicase suficientemente las piezas de repertorio. En realidad, no he cambiado desde entonces; sigo prefiriendo tocar música inspirada en mis propias ideas y emociones en lugar de interpretar la de otros compositores.

Mi abuelo era un gran improvisador al piano. En las reuniones familiares, podía sentarse y tocar durante horas piezas conocidas, sus propias melodías o improvisar a partir de canciones populares. Sin embargo, no transmitió sus conocimientos ni su pasión a sus hijos. Mi padre nunca recibió formación musical y tuvo que descubrir la música por sí mismo. ¿Es mi talento para la improvisación una herencia de mi abuelo, al que nunca tuve la oportunidad de escuchar? ¿Hay una genética, o incluso una epigenética, de la música?

Las primeras pistas

Aunque casi todos podemos percibir y producir música, estas capacidades varían de una persona a otra. Los científicos coinciden en que depende de una combinación de factores ambientales y genéticos.

Durante los últimos veinte años, los investigadores se han interesado activamente en la identificación de genes asociados a enfermedades, pero la búsqueda de genes vinculados a la música va a la zaga; parece que se ha trabajado mucho más en el campo del lenguaje. Se debe decir que el amplio conjunto de habilidades necesarias para percibir e interpretar música ha desanimado a muchos genetistas: intervienen varias regiones cerebrales y su funcionamiento puede depender de múltiples genes. No obstante, algunas investigaciones recientes han permitido localizar segmentos implicados en la producción y escucha musicales en determinados cromosomas. Sin embargo, aún no podemos identificar genes específicos.

Todos tenemos un bagaje genético compuesto por veintitrés pares de cromosomas, que en total albergan cien mil genes. No hay nada más difícil que aislar los genes específicos de una habilidad, una superdotación o una capacidad perceptiva en la que intervienen varias regiones cerebrales. De hecho, seguro que muchos genes intervienen conjuntamente en cada rasgo de la percepción o la interpretación musical.

Actualmente se supone que ciertos segmentos del cromosoma 4 intervienen en la percepción musical y el canto. En cuanto al oído absoluto (la capacidad de ciertos individuos para reconocer una nota aislada de inmediato), ciertas regiones del cromosoma 8 parecen buenas candidatas para explicarlo. Además, un gen concreto, el SLC6A4 —situado en el cromosoma 17—, está asociado a la memoria musical, mientras que el gen AVPR1A del cromosoma 12 interviene en la percepción, la memoria y la audición musicales. No obstante, se necesitan muchos más estudios para confirmar estos resultados y aislar otros segmentos del genoma implicados.

Asimismo, los genetistas e investigadores siguen una vía filosófica, metafórica, que nos invita a considerar nuestra expresión genética como una analogía de la música: nuestro ADN es una partitura del mundo vivo.

Genética musical

A menudo he tocado el piano pensando en este concepto de música «genética». Sabemos que la estructura del ADN, ácido desoxirribonucleico, tiene forma de doble hélice, con cuatro moléculas que forman un código. Estas moléculas orgánicas son nucleótidos (adenina, timina, guanina y citosina) y sus primeras letras forman un alfabeto genético común a todos los seres vivos: la A forma un enlace químico con la T, y la G otro con la C. Los enlaces químicos del ADN son siempre los mismos. Un gen está formado por largas secuencias de miles de estas uniones binarias en infinitas combinaciones. Por ejemplo: AAATCCAGCCTAA…

Asignando una nota a cada una de estas letras, obtenemos el comienzo de una composición musical. En inglés, las notas de la escala no son *do, re, mi, fa, sol, la, si,* sino las letras de la A a la G: así pues, una A es la nota *la;* una G, la nota *sol,* y una C es un *do;* solo queda la T, que, desgraciadamente, no forma parte de la notación musical en la lengua de Shakespeare. Sin embargo, puesto que el par G-C representa un intervalo musical de cuarta *(sol* y *do),* he asignado el mismo intervalo a A-T, lo que hace que T sea un *re.* De esta forma, he compuesto e improvisado con las cuatro notas *(sol, do, la, re).* No es nada original, habida cuenta de que, al final de su vida, Johann Sebastian Bach hizo lo mismo con las cuatro letras de su apellido.

La música del ADN y las proteínas

Creía que era el único al que se le había ocurrido la disparatada idea de mezclar genética y música, ¡pero no! Otros investigadores han llevado la idea aún más lejos. Ya en los años setenta, los genetistas pensaban e intentaban asignar notas a los cuatro nucleótidos del ADN y a los veintidós aminoácidos que forman las proteínas. Más recientemente, algunos han transformado en partituras los genes defectuosos y asociados a enfermedades. Rie Takahashi, una joven investigadora de la Universidad de California en Los Ángeles, que además es una pianista de talento, empezó transponiendo secuencias de ADN al lenguaje musical.

A continuación, desarrolló el concepto en profundidad. Con la ayuda de un biólogo informático, Frank Pettit, desarrolló un algoritmo para transformar en notas musicales no solo el ADN, sino también las proteínas codificadas en ese ADN. Este algoritmo, denominado «Gene2Music», traduce literalmente la información contenida en un gen determinado en una secuencia musical. Otra idea es transformar cada proteína no en una nota individual, sino en un acorde, es decir, un grupo de notas tocadas al mismo tiempo.

Así es como musicalizó el gen defectuoso responsable de la enfermedad de Huntington. Su pieza genética, que impresiona al escucharla, se llama *Huntingtin*. Para Takahashi, esta transformación tiene interés científico, ya que permite detectar rápidamente anomalías en las secuencias de nucleótidos del ADN o en los aminoácidos de las proteínas utilizando la música.

Otro investigador, el oncólogo Martin Staege, de la Universidad Martín Lutero de Halle-Wittenberg (Alemania), también ha desarrollado un algoritmo, GEMusicA, para transformar en música la expresión de los genes responsables de varios tipos de cáncer. Sin embargo, va un paso más allá y superpone melodías conocidas a sus resultados sonoros. Si la melodía contiene un error, significa que un nucleótido está fuera de lugar.

Un estudio reciente, que compara el análisis de anomalías mediante transformación musical con la simple lectura de secuencias, no ve ninguna ventaja en el uso de la música para detectar modificaciones genéticas. Los científicos son libres de optar por uno u otro método. De hecho, todo encaja con el enfoque de los astrofísicos del que hablamos en el primer capítulo: Wanda Díaz-Merced transforma señales electromagnéticas en señales sonoras para compensar su ceguera, mientras que Matt Russo produce música con órbitas exoplanetarias. En todos los casos, se trata de una observación genérica sobre la naturaleza universal de los fenómenos del cosmos. La información que estructura el genoma, las galaxias o los planetas posee una armonía inherente, que es también la de la música. Una vez más, hallamos aquí la armonía de las esferas de nuestros filósofos griegos.

No puedo dejar de mencionar los intentos (un tanto frívolos, pero no por ello menos populares) de mercantilizar estos planteamientos al calor de los vínculos entre arte y ciencia. Por unos cientos de euros, uno puede enviar una muestra de saliva para que una empresa descodifique nuestro genoma y descifre nuestros verdaderos orígenes o revele los genes que podrían predisponernos a ciertas enfermedades. Una de estas empresas ofrece, además, componer nuestra canción, la canción de nuestro ADN. YourDNASong es una empresa que crea sus propios algoritmos y añade el trabajo de un compositor para afinar melodías en el estilo que más agrade al cliente. El resultado es bastante convencional y las muestras que ofrecen suenan a música «new age». Esto, insisto, no tiene nada que ver con el trabajo de los científicos.

¿De la genética a la epigenética de la música?

Mientras que algunos científicos buscan los genes que subyacen a la música, a otros les gusta hablar de la epigenética musical. El concepto de epigenética es bastante reciente, pero ya empieza a calar en el gran público. Se centra en los mecanismos que intervienen durante la división celular, que modifican la expresión de los genes sin alterar su naturaleza. En pocas palabras, las condiciones ambientales influyen en la expresión de nuestros genes y provocan cambios que pueden transmitirse

117

a nuestra descendencia. La epigenética explicaría, por tanto, cómo se adquieren rasgos que se transmiten de una generación a otra y, a la inversa, cómo se pierden con la misma facilidad, incluso después de haberlos heredado. Mientras que la genética clásica se ocupa del estudio de los genes en sí mismos, la epigenética estudia cómo una célula o un organismo se sirve, o no, de esos genes.

Los biólogos conocen desde hace tiempo el impacto de la epigenética en el medio natural. Por ejemplo, la alimentación de una larva de abeja determina si se convertirá en obrera o en reina; sin embargo, sus genes siguen siendo los mismos. De forma semejante, de un huevo de tortuga puede eclosionar un macho o una hembra según la temperatura exterior. En la expresión de nuestros genes tal vez influyan otros factores ambientales, como la alimentación, la exposición a sustancias químicas, los agentes patógenos o el estrés.

La epigenética es un mecanismo rápido y flexible que actúa en conjunto con el de la genética clásica. En este último caso, el alfabeto A-T y G-C del gen se modifica por selección natural, pero tarda muchas generaciones en surtir efecto, ya que actúa sobre toda una población y no durante la vida de un organismo concreto. La selección natural se produce cuando las mutaciones en el código de un gen transforman su función y lo convierten en un buen candidato para que el individuo se adapte mejor a los cambios de su entorno. Los que presentan esta modificación genética adaptativa sobreviven y los demás desaparecen.

Es más, varios investigadores postulan la existencia de una «epigenética social», según la cual las condiciones de vida impuestas socialmente, como el aprendizaje de un instrumento musical, podrían afectar a la expresión genética de un individuo. La hipótesis se ha planteado, pero aún no se ha demostrado científicamente.

Desde el punto de vista bioquímico, la epigenética se manifiesta a través de reacciones conocidas como «metilación»: un estímulo repetido sobre las células modifica la expresión de su genoma y añade una molécula, el metilo, a una base del ADN, lo que impide su expresión. Este proceso es reversible. En cualquier caso, aún queda por determinar qué genes se asocian con la música: se abren interesantes vías de investigación para el futuro.

Sea como fuere, aún es demasiado pronto para responder qué proporción exacta de talento o habilidad musical procede de la genética, y cuál proviene del entorno. La complejidad del cerebro musical sigue guardando sus secretos. Los próximos años podrían ofrecernos descubrimientos sorprendentes.

Hay un hecho confirmado: aprender música tiene una influencia directa y mensurable en el cerebro, como hemos visto. Tocar un instrumento musical favorece la plasticidad cerebral, lo que provoca cambios en la estructura y la función de las distintas regiones cerebrales implicadas en la música. Se han medido diferencias neuroanatómicas entre músicos y no músicos: en el cerebro de los músicos se detecta un aumento del número de neuronas y de las conexiones entre ellas. También debemos tener en cuenta los beneficios de la música en términos de neuroprotección contra los efectos nocivos del envejecimiento.

Los animales y la música

«Algunos animales nunca se cansan de escuchar música.
Los caballitos del tiovivo, por ejemplo».
Pierre Doris

¿Es pretencioso pensar que el *Homo sapiens* inventó la música?
¿Podemos estar seguros? ¿Qué decir del canto de los pájaros o
de las ballenas? ¿Es lenguaje, música o ambas cosas?

Música animal

Existe una disciplina llamada zoomusicología: consiste en el
estudio de los rasgos musicales de los sonidos que emiten los
animales para comunicarse. Se considera que, para hablar de
música como tal, estos sonidos deben despertar alguna forma
de empatía en los humanos. Muy pocos biólogos suscriben esta
idea que, sin embargo, comparten muchos filósofos, etnomu-
sicólogos, músicos y compositores, quienes se remiten a un
libro de culto: *Musique, mythe, nature, ou les dauphins d'Arion
(Música, mito, naturaleza, o los delfines de Arión)*. Lo escribió
el compositor francés François-Bernard Mâche en 1983. Para
que conste, este músico contemporáneo fue alumno de Olivier Messiaen, un ilustre compositor famoso por su pasión por
el canto de los pájaros, que utilizó en varias de sus obras. En
su libro, Mâche habla de regresar a la música inspirada en el
pensamiento mítico, del uso de los cantos de los animales no

como referencias o puntos de partida, sino como material musical en sí mismo. Este enfoque considera los sonidos de los animales obras de arte, y lo cierto es que ofrece una perspectiva interesante de la creación musical, aunque científicamente resulta poco esclarecedor. No obstante, numerosos investigadores, biólogos y etólogos han explorado este universo desde el ángulo de la comunicación y el lenguaje.

Los sonidos organizados como medio de comunicación

Nuestra propia cultura musical nos juega malas pasadas. El canto de un pájaro nos suena a música. Como hemos visto, la señal sonora viaja a través de nuestro sistema límbico, hasta la amígdala, y despierta emociones en nosotros. Por sistema, queremos dar a esta «música» un significado preciso.

Sin embargo, estos animales no pretenden hacer música, sino comunicarse. Este fenómeno está más cerca del lenguaje de la supervivencia que de una obra de arte. Varias especies del reino animal han codificado sonidos que producen para señalar la llegada de un depredador, indicar una amenaza, anunciar la partida o comunicar la búsqueda de pareja. Estas señales adoptan diversas formas sonoras: gritos estridentes, ladridos, silbidos u otros sonidos que pueden parecernos «canciones».

El lenguaje humano nos ofrece las herramientas para entender el lenguaje de los animales. En lingüística hablamos de varias características comunes denominadas «universales lingüísticos»: el orden de las palabras, conocido como estructura sintáctica; la organización temporal del habla; los sutiles patrones acústicos del habla, y, por último, los tonos y acentos de los enunciados de una lengua. Varios teóricos, entre ellos el famoso Noam Chomsky, del Massachusetts Institute of Technology (MIT) de Boston, postulan que estos elementos son en realidad los componentes de una «gramática universal» y que su carácter es innato y se relaciona con mecanismos cerebrales que facilitan el aprendizaje de una lengua.

La gramática universal de las aves

En el Centro de Investigación sobre el Cerebro, el Lenguaje y la Música de la Universidad McGill de Montreal, los investigadores estudian esta gramática universal y su posible existencia en animales, aves en particular, en un intento de caracterizarla y establecer paralelismos con nuestra propia gramática universal. El biólogo Jon Sakata acaba de realizar un experimento con el diamante mandarín. Este precioso pajarillo piquirrojo emplea varios patrones sonoros comunes a toda su especie. Cada diamante mandarín aprende a cantar de forma muy parecida a como las personas aprendemos a hablar. El equipo del profesor Sakata quería averiguar si el aprendizaje vocal de estos pájaros cantores se debía a una predisposición biológica.

Para ello seleccionaron crías de diamantes mandarín y, en cautividad, les hicieron escuchar breves canciones compuestas de cinco elementos acústicos diferentes. A continuación, los investigadores variaron el estímulo en todas las permutaciones posibles y en un orden completamente aleatorio. A pesar de todas las posibilidades de que disponían, los polluelos reprodujeron las secuencias de canto de los diamantes mandarín adultos que habían crecido en libertad. ¿Podría ser esto una prueba de que los universales lingüísticos están arraigados en su cerebro? Al igual que los pájaros salvajes, las crías de este experimento de laboratorio terminaban su canto con una «llamada de distancia» grave y prolongada. Eligieron sonidos más cortos y agudos para el principio y el medio de su canto, igual que sus congéneres del bosque. Por tanto, estos pájaros están predispuestos a patrones sonoros determinados, que necesitan para comunicarse con los miembros de su especie.

Así, los diamantes mandarín no tienen la capacidad de improvisar o componer una melodía como hacen las personas con su voz porque, en esencia, el cerebro de las aves —a pesar de ser bastante complejo— no cuenta con las estructuras necesarias para permitir la libertad de expresión musical. Es más, aunque los animales —aves, mamíferos marinos y primates— utilizan señales sonoras, su punto débil, inherente a la comunicación a través de la música, es su falta de ritmo.

Los animales no tienen mucho ritmo

El reino animal no mueve demasiado el esqueleto, a pesar de algunos casos famosos y aislados. Con casi siete millones de visitas, en Youtube puede verse a una cacatúa de moño amarillo llamada Snowball balancearse con desenvoltura al son de una enérgica melodía de los Back Street Boys. El bonobo Kanzi, del zoo de Atlanta, siguió el compás de la bióloga Patricia Gray, de la Universidad de Carolina del Norte. Este primate es famoso por su capacidad para responder a varios idiomas. Y qué decir de la experiencia del gran músico pop Peter Gabriel, que hizo música con grandes primates: logró obtener algunos momentos de singularidad rítmica y los primates incluso pudieron tocar algunas notas adecuadas. Sin embargo, son casos aislados. Para la comunidad científica, el principio del «entrenamiento rítmico» —la capacidad de un organismo para sincronizarse con un ritmo externo— es generalmente deficiente en el reino animal…, excepto en los seres humanos. Dicho esto, el ritmo no está presente en los niños *Homo sapiens* desde el nacimiento. Aparece alrededor de los cuatro años. Sin embargo, es un momento importante, ya que el niño demuestra a los demás que puede sincronizarse y formar parte de un grupo, que puede socializar y participar en fiestas donde la música desempeña un papel central. De adulto, esta capacidad se expresa a través del baile, la sincronización definitiva de música, ritmo y movimiento, indicio de una ventaja evolutiva que favorece la cohesión social.

La belleza del canto de las ballenas

En 1970 salió a la venta un álbum titulado *Songs of the Hump-back Whale (Canciones de la ballena jorobada)*. Lo grabó el biólogo estadounidense Roger Payne, quien presentó al mundo la «música oceánica», llena de melodías lánguidas e inquietantes. Todos los mamíferos marinos, ya sean ballenas, delfines o marsopas, dependen en gran medida de la comunicación sonora para sobrevivir en las profundidades. Otros sentidos, como la vista y el olfato, no resultan muy eficaces en el mar, pero el sonido viaja casi cuatro veces más rápido en el agua que en el aire.

Por ello, la evolución ha dotado a estos mamíferos de un excelente sistema auditivo y de un mecanismo para producir vocalizaciones complejas; las más conocidas son las de la ballena jorobada.

Se han propuesto varias teorías para explicar la finalidad de su canto. La más aceptada es la búsqueda de pareja, ya que el canto procede del macho, aunque a veces también canta fuera de la época de celo. El macho emite sonidos individuales e ininterrumpidos que pueden durar varios segundos. Sus frecuencias pueden variar en un espectro próximo al que percibimos los humanos, de veinte hercios (ciclos por segundo) a veinticuatro mil hercios. (Lo máximo que un ser humano puede percibir son veinte mil hercios).

Cada «nota» puede modularse en frecuencia, amplitud y volumen. Cada cuatro o seis notas se agrupan en subfrases de unos diez segundos de duración, y dos de esas subfrases forman una frase musical. Esta jerarquía de notas, subgrupos y grupos es mucho más compleja que el canto lineal de los pájaros, y se asemeja a las estructuras del lenguaje humano. Sin embargo, para muchos científicos resulta difícil, por no decir casi imposible, saber si las ballenas también cantan por mero placer. El misterio aún no se ha aclarado.

125

¿Reaccionan los animales a nuestra música?

Charles Darwin decidió visitar el zoo de Londres una mañana de 1837. Quería ver un gran primate, y le presentaron a Jenny, una orangutana. Darwin hizo todo tipo de observaciones sobre su comportamiento y sacó su armónica para tocarle música, pero la orangutana no reaccionó. El naturalista, tan decepcionado como curioso, le prestó su instrumento. Jenny se lo llevó a la boca para intentar sacar algunas notas, aunque fue en vano. Sin embargo, este comportamiento fascinó tanto a Darwin que dedicó diez páginas de su famoso libro *El origen del hombre y la selección en relación al sexo* a la función de la música en la evolución. Su principal conclusión es que los animales no tienen talento para la música y que los humanos lo adquirieron antes que el lenguaje como medio de cortejo, cuyo fin último es la reproducción.

Otros estudios examinan la reacción de ciertos animales a nuestra música, entre ellos un experimento con tamarinos. Varios investigadores de la Universidad de Wisconsin reprodujeron música a la que habían incorporado sutilmente los sonidos que emiten los tamarinos cuando quieren socializar o señalar peligro. Los tamarinos reaccionaron a esta música, pero no a la compuesta para humanos, que carecía de esos añadidos.

Otro equipo, esta vez en Japón, reprodujo los *Divertimenti* K. 205 de Wolfgang Amadeus Mozart a ratas de laboratorio hipertensas. Su tensión arterial disminuyó al escuchar la música. Los investigadores atribuyeron el efecto a determinadas frecuencias altas, entre cuatro mil y dieciséis mil hercios. Se sospecha que el mecanismo de la distensión depende de la secreción de dopamina, como en los humanos. ¿Tal vez estas mismas frecuencias, las de la música de Mozart, nos hagan producir dopamina también a nosotros? Eso afirman estos investigadores.

Podemos afirmar que existe una dimensión emocional en los sistemas de comunicación animal, que se ha transmitido evolutivamente hasta llegar a los humanos.

El clarinete del filósofo David Rothenberg

No puedo explorar los vínculos entre la música y los animales sin hablar de un hombre que ha dedicado su vida a comprender cómo la organización de los sonidos se ha convertido en un poderoso medio de comunicación en el mundo natural. Licenciado por las universidades de Harvard y Boston, David Rothenberg es profesor de Filosofía y músico en el Instituto Tecnológico de Nueva Jersey. Su enfoque único se asemeja a la zoomusicología. Hasta la fecha, ha publicado dieciséis álbumes de *jazz* como compositor y clarinetista, así como varios libros sobre los vínculos entre la música y los animales.

Ha tocado su clarinete a miles de animales distintos —insectos, pájaros, ballenas— en un intento de contactar y dialogar con ellos. La BBC ha producido un documental sobre su exploración del canto de los pájaros. En uno de sus libros, *Survival of the Beautiful: Art, Science and Evolution,* Rothenberg sugiere que la evolución no solo se aplica a los rasgos útiles para la supervivencia, sino también a la belleza. Habla de la existencia de «suntuosidad» en la naturaleza, y da por sentado que la belleza de los cantos y el aspecto visual de los animales intervienen en la evolución. En su opinión, la belleza es el resultado de la adaptación.

Puesto que los seres humanos estamos en la cúspide de la cadena evolutiva, no es de extrañar que hayamos llevado el deseo de comunicarnos aún más lejos. Hace cien mil años, nuestro cerebro se había vuelto tan complejo que los sonidos que tanteábamos con nuestras cuerdas vocales estimulaban, como hoy, un sinfín de regiones que enriquecen nuestra experiencia cognitiva y emocional. Los humanos no solo utilizamos las cuerdas vocales, también inventamos todo tipo de instrumentos melódicos y de percusión para ampliar el espectro sonoro. De este modo, hemos desarrollado formas tan personales de expresarnos con el sonido que ningún otro animal puede imitarlas. Así nació la música.

El futuro del cerebro musical: de los cíborgs a la inteligencia artificial

«Hoy podemos hacer música con ordenadores,
pero los ordenadores siempre han existido
en la mente de los compositores».
Milan Kundera

Es probable que el futuro que nos aguarda con el desarrollo de las tecnologías digitales cambie para siempre nuestra relación con la música e incluso nuestro cerebro musical. Atrás quedaron los tiempos en que escuchar música era una cuestión de ritual compartido para consolidar y unir a la comunidad.

Si la invención del «equipo de sonido» doméstico a mediados del siglo xx nos permitió escuchar música solos, con amigos o en familia, la llegada de Internet a finales del siglo pasado cambió radicalmente nuestra forma de escuchar música. Sin duda, nuestras elecciones musicales han cambiado.

Con cascos, aislados en una burbuja, en una calle abarrotada de una ciudad de millones de habitantes, a diez mil metros de altitud en un avión sobre el Pacífico o solos en un silencioso bosque de la taiga, manipulamos nuestros oídos y cerebros con música que juzgamos apropiada para la ocasión. El resultado es que la escucha se vuelve cada vez más incorpórea. Hoy todo resulta posible: podemos elegir entre escuchar la música que encabeza las listas de éxitos o una canción a años luz de las tendencias actuales.

El ritual comunitario se ve sustituido por una multitud de necesidades individuales: descanso, reflexión, pasatiempo, retiro social, meditación o puro placer. Esta nueva forma de escuchar música amenaza también su propia supervivencia. El consumo de música aumenta en todo el mundo, y este cambio de paradigma pone en entredicho el papel social que la música ha desempeñado en nuestras culturas durante tanto tiempo.

Esta revolución afecta también a la producción musical. Desde la piel estirada de los primeros tambores a los huesos perforados de las primeras flautas, pasando por la invención del piano, el órgano y los instrumentos de cuerda, hoy hemos llegado a la era digital. Trabajo en la creación musical con otros compositores que utilizan bancos de sonidos e instrumentos virtuales almacenados en sus ordenadores, en cantidades tan enormes que las combinaciones posibles son casi infinitas. Así pues, los creadores de música virtual pueden ofrecernos verdaderos señuelos: nuestro cerebro cree escuchar una orquesta sinfónica, pero en realidad oye sonidos totalmente sintéticos.

Música electroacústica, concreta y electrónica

La invención del transistor, las grabaciones en cinta y el uso de ondas electromagnéticas al final de la Segunda Guerra Mundial pusieron patas arriba el mundo de la música: de pronto, era posible producir nuevos sonidos sin instrumentos, y surgió un nuevo mundo sonoro. Poco después del fin de la Segunda Guerra Mundial, compositores como Pierre Schaeffer en Francia y Karlheinz Stockhausen en Alemania, por citar solo a los más conocidos, empezaron a manipular estos sonidos para crear una música que nuestro cerebro jamás había percibido.

Mientras Pierre Schaeffer iniciaba el movimiento de la «música concreta» en París, Stockhausen inauguraba la música «electroacústica» en Colonia. Se trata de la llamada música exploratoria, contemporánea, al margen de cualquier sistema tonal. No contiene necesariamente los elementos clásicos de la música occidental tal como la conocemos. La melodía, la armonía y el ritmo están profundamente alterados y rompen nuestro molde musical. El cerebro musical que hemos explorado hasta ahora se ajusta a estos nuevos estímulos de una manera distinta. Pierre Schaeffer era muy consciente de ello y reflexionó sobre el fenómeno de la percepción musical de lo que denominó «objetos sonoros». En su *Traité des objets musicaux (Tratado de los objetos musicales)* afirma que, si esta nueva música está destinada a la escucha, debe codificarse como si se tratara de un nuevo lenguaje y estructurarse a partir de nuestra percepción auditiva.

Durante las décadas de los sesenta y los setenta, otros inventores como Robert Moog crearon instrumentos electrónicos de teclado, conocidos como sintetizadores, que sí utilizaban el sistema tonal y contribuyeron a otra revolución sonora en el *rock*, el *jazz*, la música popular y el cine.

Después, durante los años ochenta, llegó la tecnología de los secuenciadores. Esta innovación permitió reproducir en formato digital todos los instrumentos y sonidos sintéticos imaginables, que se comunican entre sí mediante el lenguaje universal MIDI. Este lenguaje consiste en un protocolo de comunicación y un formato de archivo utilizado para la comunicación entre instrumentos electrónicos, controladores, secuenciadores y *software* musical. Compositores y músicos se encuentran ahora ante la posibilidad de crear infinitos sonidos y, con trabajo e inspiración, infinita música.

A la luz de los recientes descubrimientos neurocientíficos sobre la percepción musical, no podemos dejar de preguntarnos por el efecto de la música electrónica en el sistema límbico, la amígdala y todas las regiones responsables de las emociones. ¿Reaccionamos emocionalmente a los sonidos electroacústicos? Si es así, ¿de qué manera? Como ocurre con cualquier nueva forma de creación, es importante difundirla en el sistema educativo y el ámbito público. Así es como se escuchará y se integrará en la cultura general. Se debe decir que la música contemporánea que explora estos nuevos sonidos libra una ardua batalla contra las formas más accesibles de la música popular, el *rock* y el *jazz*.

Hoy en día, quienes investigan la inteligencia artificial piensan que pueden eliminar el elemento humano del proceso creativo. Por ejemplo, en mi campo profesional, el periodismo, la inteligencia artificial permite producir reportajes sin periodistas: una auténtica acrobacia que elimina la interacción humana, prescinde de la necesidad de recabar información sobre el terreno y produce textos informativos basados en hechos de la mejor calidad en ámbitos como la economía. Sin embargo, la profundidad del análisis, el estilo y la dimensión humana tienden a desaparecer. ¿Sucederá lo mismo con la música?

El compositor virtual

Iamus es un ordenador que compone música sin intervención humana. Creado por ingenieros de la Universidad de Málaga y la empresa Melomics, tiene el tamaño de un armario y, para darle un toque *chic*, la forma de un imponente cerebro de color rojo y negro. Iamus compuso su *Opus 1* en 2010, que la Orquesta Sinfónica de Londres grabó entonces en disco.

De hecho, Melomics se ha propuesto vender música compuesta íntegramente por ordenador, adaptada a los gustos de sus clientes. ¿Podrá esta música activar el núcleo accumbens, la amígdala o el hipocampo y suministrarnos nuestra dosis de dopamina y cortisol? Está por ver. En cualquier caso, los estudios demuestran que las canciones que copan las listas de éxitos son las que hacen liberar más dopamina, y hay que saber programar esta receta en el ordenador: melodía pegadiza, ritmo arrollador, armonías hechizantes y texturas sonoras.

En 2012, Iamus compuso una obra contemporánea para piano al estilo de los compositores de mediados y finales del siglo XX. Se titula *Colossus*. En la interpretación del pianista Gustavo Díaz-Jerez, la obra gana con el toque del artista en color, matices y ese no sé qué intangible que es la expresividad musical.

Gustavo Díaz-Jerez afirma que su contribución como intérprete podría añadirse al programa informático Iamus, y que la programación informática tendrá cada vez más «alma». El pianista podría sustituirse por un mecanismo automatizado de interpretación instalado en el piano, una tecnología que ya existe. Personalmente, me parece una obra compuesta con corrección, pero sin grandes genialidades. No obstante, no seamos ingenuos: en unos años, nuevos saltos tecnológicos permitirán composiciones totalmente autónomas. Esta forma de inteligencia artificial alcanzará, sin duda, un nivel de creatividad espectacular, casi humano.

¡Haz tu propia canción!

Estas innovaciones se producen en el mundo de la llamada música clásica o música seria. Sin embargo, la música pop no se queda atrás. Sony trabaja activamente en el desarrollo de la composición musical mediante inteligencia artificial. El Laboratorio de Investigación Sony CSL ha desarrollado el *software* Flow Machines, que compone la música que elijamos en el estilo que nos interese.

En un proyecto realizado en colaboración con la Universidad Pierre-et-Marie-Curie, el compositor francés Benoît Carré escribió la letra de una pieza que tituló *Daddy's Car*. Después eligió el estilo «Beatles» en el *software*, y el algoritmo produjo una pieza relativamente convincente. Ahora hay otros servicios a disposición de los artistas, como Amper Music, que compone y produce los arreglos. Estas experiencias aún exigen la interacción entre el compositor, el artista y la inteligencia artificial, pero seguirán creciendo en los próximos años. Algún día, el propio compositor dejará de estar implicado en el proceso.

Sin embargo, la llegada de la inteligencia artificial a la creación musical corre el riesgo de trivializar el acto creativo de nuestros compositores, que siempre han liderado la evolución de la música en sintonía con el contexto social. Al permitir que la inteligencia artificial produzca canciones de éxito dentro de una burbuja, sin tener en cuenta las aportaciones culturales desarrolladas y expresadas a través de la experimentación musical del compositor, corremos el riesgo de causar un vacío tanto creativo como social.

La música del cuerpo humano: hacer cantar al cerebro

En varias ocasiones me he referido a las ondas electromagnéticas y a las ondas sonoras. No son lo mismo. Muchos científicos se interesan por la transformación de unas en otras, como la astrofísica Wanda Díaz-Merced, que disfruta escuchando las explosiones de supernovas.

Varios investigadores han querido explorar este enfoque con las ondas cerebrales, es decir, las ondas producidas por la actividad electromagnética del cerebro. Los primeros intentos de extraer «música del cerebro» se remontan a los años setenta, con tecnologías rudimentarias que carecían de la potencia y sofisticación de los equipos actuales. Por ejemplo, Stephen Whitmarsh, hoy investigador en el Departamento de Estudios Cognitivos de la École Normale Supérieure de París, es capaz de transformar fielmente las señales electromagnéticas del cerebro en ondas sonoras. Lo que emerge de ese experimento es bastante sorprendente: la persona con el cerebro cubierto de electrodos está inmóvil y concentrada; piensa o sueña despierta, y los sonidos que emergen parecen proceder de otro universo.

Hoy, músicos, artistas multidisciplinares y neurocientíficos han creado una plataforma abierta, EEGsynth.org, para explorar los sonidos que emanan del cerebro y de otras partes del cuerpo humano, como los músculos y el corazón. Aunque la intención inicial de Stephen Whitmarsh era estudiar los distintos estados de vigilia y atención, ahora ha creado una interfaz que conecta a artistas y científicos para revelar la música que emana de nuestro cuerpo.

Uno de sus experimentos consiste en transformar la coreografía de una bailarina en música. El cuerpo de la bailarina está cubierto de electrodos y cada uno de sus movimientos desencadena señales eléctricas que un ordenador recoge y transforma en ondas sonoras. Whitmarsh invita a los músicos a improvisar sobre esta danza y seguir la música producida por el cuerpo humano.

Más allá del cerebro, hacia el cíborg

Algunos investigadores van más allá de la idea de crear música con inteligencia artificial y de transformar las señales eléctricas del cuerpo en música. Literalmente fusionan al ser humano con la máquina: hablamos de cíborgs, organismos cibernéticos.

Ya estamos inmersos en un proceso de integración con las tecnologías digitales. Pensemos en el implante coclear, que mejora la audición de las personas sordas. El uso de teléfonos inteligentes e Internet también nos lleva hacia la ciborguización, pues añaden capacidades a nuestros sentidos y cognición.

Uno de los primeros cíborgs es Steve Mann. Nació en Toronto y estudió en el Instituto Tecnológico de Massachusetts (MIT), en Cambridge (Estados Unidos). Ha vivido gran parte de su vida adulta con sistemas de visión aumentada, posibles gracias a cámaras incorporadas a unas gafas y conectadas a un ordenador que lleva siempre encima.

No obstante, Steve Mann se niega a ser etiquetado como cíborg. Prefiere que se lo considere el padre de los ordenadores integrados en el cuerpo humano. Ve la realidad a través del filtro de sus programas informáticos, que le proporcionan información heterogénea sobre la naturaleza del mundo que lo rodea. Puede modificar su percepción, por ejemplo, bloqueando toda la publicidad de su campo de visión.

Desde los trabajos de este pionero, otros jóvenes se han transformado en cíborgs; algunos en el campo de la audición y la música. En Barcelona, estos investigadores forman un pequeño círculo al que se ha unido Neil Harbisson, pianista y compositor irlandés que, sin embargo, no es un pianista como los demás: nació con una rara enfermedad llamada acromatopsia, que implica una ausencia total de percepción de los colores. Afortunadamente para él, el piano es en blanco y negro. En 2003 asistió a una conferencia de Adam Montandon, investigador de cibernética que estudia las extensiones sensoriales. Entonces, a Harbisson se le ocurrió la idea de crear el «Eyeborg», una cámara configurada en un cráneo que transforma todos los colores del campo visual en ondas sonoras.

Hablamos de microtonalidad, es decir, sutiles diferencias de tono. El Eyeborg puede detectar las frecuencias de más de trescientas sesenta tonalidades. Por ejemplo, las ondas visuales de alta frecuencia del azul-violeta son agudas, mientras que las tonalidades de baja frecuencia, como el rojo, son graves. Por su parte, la saturación de colores se identifica mediante distintos niveles de volumen sonoro. El Eyeborg puede incluso proporcionar los sonidos del espectro infrarrojo y ultravioleta.

¿Cuál es el vínculo entre el cerebro y la música? Neil Harbisson utiliza el Eyeborg para componer. Ha creado toda una serie de obras musicales, *Sound Portraits*, escuchando los colores de los rostros. En su galería de obras figuran Carlos de Inglaterra, Woody Allen y Leonardo DiCaprio. Su técnica consiste en transformar en sonido las formas y variaciones de color presentes en cada parte del rostro. La obra musical está escrita en una partitura de trescientas sesenta líneas, una por cada tonalidad que percibe: es una verdadera obra sonora del rostro.

Neil Harbisson describe su realidad aumentada como «sonocromatismo», un sentido adicional por el que cada color corresponde a un sonido de forma objetiva y universal.

La hechizante música de los videojuegos: hacia un nuevo ritual unificador

En el célebre Media Lab del MIT son conscientes de que la integración del cerebro, la tecnología y la música está a la vuelta de la esquina. Entre otras cosas, el equipo del laboratorio Música, Mente y Máquina adapta las tecnologías de audio actuales para su integración en videojuegos, cascos de realidad virtual y vídeos 3D. Su objetivo es mejorar la percepción auditiva e integrar mejor la música con la experiencia virtual basándose en los hallazgos sobre la percepción y la cognición musicales.

La industria de los videojuegos y el juego *online* es colosal. En 2017 su facturación superó los cien mil millones de dólares y su crecimiento se estima en más de un seis por ciento anual hasta 2020. Cualquier jugador podría hablarnos de los increíbles mundos visuales y retos que plantean estos juegos, así como de su cautivadora música y paisajes sonoros.

En el plano musical, jóvenes compositores desconocidos que trabajan en la sombra apuestan por melodías pegadizas y repetitivas a base de orquestaciones electrónicas, con el telón de fondo de una multitud de sonidos asociados al juego. El poder de estas melodías es tal que los responsables de las principales orquestas sinfónicas del mundo organizan veladas sinfónicas con música de videojuegos para atraer a un nuevo público más joven.

Karen Collins es titular de una cátedra de investigación sobre música interactiva en la Universidad de Waterloo (Ontario). En su opinión, el paisaje sonoro de los juegos interviene en todo el cerebro musical: un fuerte componente emocional excita el sistema límbico del jugador y lo impulsa hacia la recompensa y el placer a medida que responde a las instrucciones sobre el curso de la acción y toma decisiones.

Esta música se integra en un universo virtual, una extensión cibernética que ayuda a atrapar al jugador y sumergirlo por completo en un mundo ficticio. En el fondo, ¿qué diferencia hay entre esta música y la asociada a los rituales que han marcado la historia de la humanidad? En las dos últimas generaciones, los videojuegos han logrado congregar a millones de jóvenes de todo el mundo y se han convertido en rituales por derecho propio. Es una evasión, o incluso un trance, no muy diferente del que ya experimentaron millones de personas bajo la influencia de ritmos y canciones que celebraban la guerra, los dioses o la cosecha.

Reflexiones sobre el futuro

¿Hacia qué mundo musical nos dirigimos? Un breve paseo por la ciudad y los transportes públicos nos muestra que la finalidad de la música ya no solo consiste en reunir a la gente para celebrar rituales. Los dispositivos electrónicos cada vez más pequeños, teléfonos móviles y tabletas atomizan la música. Escuchar música se ha convertido en una actividad solitaria: cada persona construye su propio mundo musical a la medida de sus gustos.

Dentro de unos años, las gafas de realidad virtual con auriculares formarán parte de la vida cotidiana de quienes se sumerjan en su propio mundo visual y sonoro; un mundo con un profundo efecto en el cerebro. Este universo sintético vibrará enteramente al son de una música que la industria se esforzará al máximo por hacer cautivadora y hechizante.

Si la teoría de la función unificadora de la música sigue siendo cierta, y si la música ha evolucionado para reforzar nuestra cohesión social, ¿qué ocurrirá con las nuevas generaciones que la consuman hasta el hartazgo? ¿Cómo se adaptará el cerebro musical? Algunos dirían que nos encontramos en la encrucijada de una nueva era para la percepción, creación e interpretación musicales. Me atrevo a creerlo. Sin embargo, esperemos que creadores, intérpretes y melómanos sigan encontrando su lugar en el mundo, y que las elecciones musicales de que dispongamos contemplen todo el patrimonio musical de la humanidad, desde el ritmo de los latidos de nuestro corazón hasta las melodías de *La canción de la Tierra* mahleriana.

Epílogo: una sinfonía incompleta

«Saber tocar notas no significa que tengas el poder de emocionar a la gente. La música tiene alma, como las personas. También hay que darle voz».

Herbjørg Wassmo,
Dinas bok

Los límites de la ciencia

Aún queda mucho por comprender sobre este vasto y complejo entresijo que es nuestro cerebro. El último siglo nos ha permitido dar notables saltos adelante, pero la ciencia es solo una forma de preguntarnos cómo funciona el mundo. Los científicos tienen el deber y la responsabilidad de dudar y cuestionar. La ciencia rara vez alcanza sus objetivos y las verdades científicas de hoy pueden demostrarse falsas dentro de un siglo.

Desde hace algunos años, algunos investigadores de neurociencia se cuestionan lo que se ha descubierto, el método utilizado y las conclusiones de numerosos estudios. ¿Se organiza el cerebro en compartimentos diferenciados para analizar y reconstruir la realidad? ¿Se han identificado correctamente las regiones implicadas en la percepción e interpretación de la música?

La música, un modelo para estudiar el cerebro

Muchos investigadores, sobre todo psicólogos y psiquiatras, han dado la voz de alarma por la extrema simplificación que presentan los resultados obtenidos mediante imágenes médicas que, supuestamente, explican el funcionamiento del cerebro. El libro *Brainwashed,* de la psiquiatra Sally Satel y el psicólogo Scott O. Lilienfeld, relata un experimento ya famoso en el que se colocó un salmón vivo en una máquina de resonancia magnética funcional. A continuación, se lo expuso a imágenes de rostros humanos. Aunque las imágenes detectaron zonas activas en el cerebro del salmón, los investigadores se dieron cuenta de que el pobre pez había muerto. Un interesante libro del doctor Robert A. Burton, *A Skeptic's Guide to the Mind,* habla del «neurodeterminismo» para explicar que una determinada enfermedad o comportamiento puede detectarse según la actividad registrada en determinadas regiones cerebrales. Otros fenómenos, como el concepto de genio y el de la noción de conciencia, son procesos demasiado complejos y multifactoriales como para poder explicarse por un mecanismo en el que solo intervinieran algunas regiones específicas del cerebro.

Muy bien. Pero, como dice con acierto el gran neurocientífico musical Robert Zatorre, la música es un modelo casi perfecto para entender cómo funciona el cerebro. Como he intentado demostrar en el presente libro, en el cerebro no hay regiones dedicadas exclusivamente a la música, sino que se activan zonas que también participan en otras funciones. Los descubrimientos de Robert Zatorre y otros investigadores ponen de manifiesto la compleja organización que necesita el cerebro para descodificar la música. En cualquier caso, ahora los científicos también son conscientes de que la genética y el entorno desempeñan un papel crucial en nuestra relación con la música.

El futuro está en la conectómica

En 2013 tuve el honor y el privilegio de participar en el Proyecto Conectoma Humano. Se trata de una ambiciosa iniciativa de los Institutos Nacionales de Salud (NIH) de Estados Unidos para cartografiar las conexiones entre las distintas regiones del cerebro. En el Laboratorio de Imágenes Biomédicas de la Universidad de Harvard, en Boston, pasé más de una hora dentro de una máquina de imágenes médicas de nueva generación que registra resonancias magnéticas de difusión.

Este dispositivo de alta potencia mide con precisión las diferencias de concentración de agua en el cerebro. La imagen resultante, que se ve en la cubierta original de este libro, es el interior de un cerebro humano. Permita el lector que le describa este «plato de espaguetis». En primer lugar, las regiones que he descrito en el libro son las de la materia gris situada en la superficie del cerebro, nuestro córtex. Estas regiones no están aisladas unas de otras, sino conectadas por haces de neuronas llamados materia blanca, porque están cubiertas de una vaina blanca de mielina que permite que la señal eléctrica viaje sin perder energía ni velocidad. La resonancia magnética de difusión sigue el movimiento del agua a través de estos haces. Esta imagen se ha coloreado artificialmente para ayudarnos a orientarnos en su entresijo.

Como puede verse, algún día será posible obtener una imagen clara de cómo viajan las señales por las distintas regiones del cerebro musical. Por el momento, estos aparatos son demasiado escasos y costosos para utilizarse en investigaciones sistemáticas de todos los ámbitos. No obstante, cuando se generalice su uso, podrán revelar los vínculos entre la materia gris y la materia blanca y mostrar el recorrido exacto de la música en nuestro cerebro.

Un interés creciente

En 2017, los NIH de Estados Unidos pusieron en marcha el proyecto Sound Health, que podría traducirse libremente como «música y salud». Es idea de uno de los principales investigadores de Estados Unidos, el doctor Francis Collins, quien se hizo famoso por encabezar el proyecto de secuenciación del genoma humano en la década de los noventa. Menos conocido es su papel como cantante y guitarrista de su propia banda: The Affordable Rock'n Roll Band. Su objetivo es estimular la investigación científica sobre los beneficios de la música en el desarrollo infantil, el tratamiento del dolor, la enfermedad de Alzheimer y el autismo, entre otros.

Al asociarse con personalidades como la reconocida soprano Kathleen Battle e instituciones como el Centro de Artes Escénicas John F. Kennedy, este proyecto sensibilizará al público y a los responsables políticos sobre el valor terapéutico de la música. Estas iniciativas son esenciales, pues aún nos aguardan importantes descubrimientos para mejorar las terapias musicales.

La riqueza de mi experiencia

Este libro es el fruto de reflexiones que me acompañan desde hace años. Decidí compartir estas ideas en forma de concierto-conferencia, *Le Piano à Paroles*, donde propongo un viaje al cerebro a través de la música. Durante estas sesiones, improviso y toco piezas populares en el piano para incitar al público a reflexionar sobre la percepción musical, su funcionamiento y su importancia en nuestra vida. Los comentarios del público me han emocionado en varias ocasiones. Durante una interpretación de música contemporánea, decididamente atonal y más bien violenta, una mujer me dijo que cierto pasaje le había traído algunos recuerdos: tiernos momentos de intimidad que había vivido mientras acunaba a su hijo.

Sea cual sea la explicación neurofisiológica que pueda dársele a esta reacción, su testimonio me conmueve profundamente porque demuestra la complejidad del cerebro y de la naturaleza humana. La música nos transporta y, a menudo, nos hace reaccionar de forma inesperada; recurre a nuestras estructuras de percepción, pero también a nuestros recuerdos y a nuestras experiencias más íntimas.

Compuse un álbum de piano y música electrónica con otro músico, Pierre Bündock, utilizando el método de composición espontánea: la improvisación. Cada pieza cuenta una historia científica, desde la conservación de una mariposa (la monarca) hasta la búsqueda de vida extraterrestre: cuando nos entregamos al lóbulo prefrontal surgen ideas musicales relacionadas con estos grandes temas. Captar todo lo que ocurre en el cerebro en esos precisos momentos es, como poco, fantástico. Espero que la investigación científica avance aún más en la comprensión de estas facultades, tan intangibles como creativas.

Conclusión: vive tu música

Los primeros organismos vivos utilizaron varios medios de comunicación para sobrevivir. El nacimiento de la música es la culminación de un largo camino evolutivo.

Debemos aceptar con humildad cierto asombro ante el genio creativo del *Homo sapiens,* que ha logrado captar, comprender y explotar las armonías sonoras de la naturaleza.

Nuestro cerebro está maravillosamente adaptado y equipado para percibir los infinitos matices de la música, saborear su contenido melódico, armónico y rítmico, y traducir toda su significativa carga emocional. Nuestra conciencia es una especie de director de orquesta: unifica todas las regiones del cerebro, desde donde se transmite sin descanso la música que llega a nuestros oídos. Es más: nos atrevemos confiar en que la sinfonía que interpreta nuestro cerebro sea fiel a la realidad musical que resuena fuera de nosotros.

La música es un estímulo tan complejo y rico que exige al cerebro un gran esfuerzo para separar todos los componentes y reensamblarlos después, en todo momento y en tiempo real: es una notable demostración de la eficacia de su actividad eléctrica y un fenómeno extraordinario en sí mismo.

La reflexión y la investigación que han desarrollado los científicos durante siglos nos han permitido comprender que la música no es un misterio, sino un descubrimiento renovado sin cesar. Como la música incumbe a tantas áreas del cerebro, no podemos evitar que nos transforme. La sinfonía de nuestro cerebro es una de las grandes maravillas de la naturaleza.

Agradecimientos

Me gustaría dar las gracias a mi editor, Raymond Lemieux. Fue él quien insistió en que sintetizara mi pasión por la ciencia musical. También quiero dar las gracias a la profesora Isabelle Cossette, del CIRMMT de la Universidad McGill, por escucharme y aconsejarme. En este libro me refiero ampliamente a los trabajos del Laboratorio Internacional para la Investigación del Cerebro, la Música y el Sonido (BRAMS). Debo mucho a sus dos cofundadores, Isabelle Peretz y Robert Zatorre, por su decisivo trabajo en este campo, que tanto sentido y respuestas dio a mis preguntas. Muchas gracias a mis lectores del primer borrador: Claire Marchand, Alice Bündock, Nicole Ouellette, Suzanne Dionne y Line Gagnon.

También me gustaría quitarme el sombrero ante mi padre por negarse a ceder a mi capricho adolescente de convertirme en pianista, porque siento que mi contribución vital ha sido más útil como periodista y divulgador de la ciencia y la medicina que como músico de carrera sin demasiado talento. Por último, a mi compañera y musa Claire Marchand, por soportar mi obstinación durante este proyecto, pues escribir un libro es un acto de entrega de uno mismo.

Y gracias, querido lector. Espero que le haya encantado la historia humana, médica y científica de la música.

Alimento para el cerebro

Silencio en el universo

Para escuchar
Los planetas inspiraron esta obra maestra orquestal:
- Holst, Gustav, *Los planetas*, Vladimir Jurowski, director, y Orquesta Filarmónica de Londres.

Escuchar la música del cosmos con la astrofísica Wanda Díaz-Merced:
- https://vimeo.com/180306696.
- https://www.ted.com/talks/wanda_diaz_merced_ how_a_blind_astronomer_found_a_way_to_hear_ the_stars/ up-next?language=es.

Para escuchar la música del sistema planetario Trappist-1 con el astrofísico Matt Russo:
- https://www.youtube.com/watch?v=WS5UxLHbUKc.
- https://www.astromattrusso.com

Para seguir leyendo
Para conocer a fondo la visión del gran científico y divulgador Carl Sagan:
- Sagan, Carl, *Contacto*, Barcelona, Plaza & Janés, 1998.
- Sagan, Carl, *Cosmos*, Barcelona, Planeta, 2004.

Un libro sobre la gran aventura científica de la búsqueda de vida extraterrestre:
- Raulin Cerceau, Florence, *La recherche de vie extraterrestre*, Toulouse, Uppr Éditeur, 2016.

Captar los sonidos de la Tierra

Para escuchar
Un excelente documental sobre la audición:
* Lamount, Andrea, *Brain Beats: Hearing the future,* coproducción Lukimedia, CRE, ARTE, 2DF, TVE, Gorgone Productions, 2016. https://www.youtube.com/watch?v=MAPvhDoz3w0.

Para seguir leyendo
Dos libros para explorar los orígenes y la complejidad del sistema auditivo:
* Campo, Pierre, *L'audition,* Plombières-les-Bains, Éditions Ex Aequo, 2016.
* Vergnon, Laurent, *L'audition dans le chaos,* París, Éditions Masson, 2008.
Un libro clásico de reflexiones y divulgación sobre la evolución:
* Gould, Stephen Jay, *Ocho cerditos: Reflexiones sobre historia natural,* Barcelona, Crítica, 2018.

La aparición del habla y la música

Para escuchar
* *El lenguaje silbado de la isla de La Gomera, Canarias: el silbo gomero,* UNESCO, 2009. https://ich.unesco.org/en/RL/whistled-language-ofthe-island-of-la-gomera-canary-islands-the-silbogomero-00172.
* American Public Television, *Whistles in the Mist: Whistled Speech in Oaxaca,* documental de la serie *In the Americas con David Yetman,* Arizona Public Media, 2012. https://intheamericas.org/lesson/lesson-210-whistles-in-the-mist-whistled-speech-in-oaxaca.

Para seguir leyendo

- Levitin, Daniel J., *De la note au cerveau,* Montreal, Éditions de l'Homme, 2010.
- Levitin, Daniel J., *Tu cerebro y la música.* Barcelona, RBA Libros, 2018.
- Mithen, Steven, *Los neandertales cantaban rap. Los orígenes de la música y el lenguaje.* Barcelona, Crítica, 2007.

Pero ¿qué es la música?

Para escuchar

Un documental que explora los vínculos entre la armonía, la música y la astronomía:

- *Les musiciens célestes. Harmonie, astronomie et musique,* Universidad de Provenza, 2009.
  https://www.youtube.com/watch?v=VLtued4HWXg.

Para comprender la complejidad y belleza de los ritmos balineses, véase este documental:

- Giguère, Louise, *Le gamelan de Bali à Montréal,* Canal Savoir, 2014.
  https://www.lafabriqueculturelle.tv/capsules/263/un-gamelan-de-bali-a-montreal.

Para seguir leyendo

Orígenes y explicaciones detalladas de la armonía de las esferas:

- Jacquemard, Simonne, *Pythagore et l'harmonie des sphères,* París, Éditions du Seuil, 2004.
- Lévine, Claude-Samuel y Vauclair, Sylvie, *La nouvelle musique des Sphères,* París, Éditions Odile Jacob, 2013.

Cómo descodifica la música el cerebro

Para escuchar

Para comprobar por uno mismo si el efecto Mozart existe realmente, podemos pedirle a nuestros hijos o nietos que escuchen con regularidad la pieza del famoso estudio:

- Wolfgang Amadeus Mozart, *Sonata para dos pianos en re mayor*, KV 448, Daniel Barenboïm y Martha Argerich, pianos. https://www.youtube.com/watch?v=9iePyP2HOr8.

Para seguir leyendo
Uno de los libros más completos sobre la neurociencia de la música:

- Peretz, Isabelle y Zatorre, Robert J., *The Cognitive Neuroscience of Music,* Oxford, Oxford University Press, 2003.

Dos libros populares sobre el cerebro musical:

- Lemarquis, Pierre; *Sérénade pour un cerveau musicien,* París, Éditions Odile Jacob, 2009.
- Eustache, Francis, Lechevalier, Bernard y Platel, Hervé, *Le cerveau musicien*, París, Éditions De Boeck Supérieur, 2010.

El cerebro del músico

Para escuchar

- Conferencia de Robert Zatorre en la Universidad Rice, 2011. https://www.youtube.com/watch?v=k0GYTKZaIzA.
- Girard, François, *Trente-deux films brefs sur Glenn Gould,* Rhombus Productions, 1993. https://www.youtube.com/watch?v=eyllTHwoPmY.

Para seguir leyendo
Reflexiones con, entre otros, el gran compositor y director de orquesta Pierre Boulez:

- Boulez, Pierre; Changeux, Jean-Pierre y Manoury, Philippe, *Las neuronas encantadas. El cerebro y la música.* Barcelona, Gedisa, 2016.

La visión y las reflexiones de un gran filósofo sobre las profundidades insondables de la música:

- Jankélévitch, Vladimir, *La música y lo inefable*, Barcelona, Alpha Decay, 2005.

Los trastornos de la música

Para escuchar
- Conferencia de Isabelle Peretz en la Universidad de California, San Diego, University of California Television, 2017.
  https://www.youtube.com/watch?v=YYym_6wdZTw.

Tomar conciencia de la amusia a través del famoso caso del Che:
- Salles, Walter, *Diarios de motocicleta,* Film4 Productions, 2004.
- «Meeting the Real Rain Man», extracto del documental *The Boy With the Incredible Brain,* Focus Productions Ltd, 2005.
  https://www.youtube.com/watch?v=36K1HQvUdWg.

Seguir leyendo
No hay biografía de Kim Peek, pero hay una de otro *savant*, Daniel Tammet:
- Tammet, Daniel, *Nacido en un día azul,* Barcelona, Blackie Books, 2018.

Para saber más sobre el síndrome de Williams:
- Self, Michelle, *Extraordinary Gifts, Unique Challenges: Williams Syndrome,* North Charleston, CreateSpace, 2014.

Música y medicina, juntas desde siempre

Para escuchar
- Gilles Bellemare, compositor; doctor François Reeves, libreto, *Cœur, poème symphonique pour choeur et orchestre,* Orchestre symphonique de Laval, 2016.
  https://www.youtube.com/watch?v=8SYKOg63KBI.
- *Albert Schweitzer, orgue,* documental sobre una película original de Schweitzer al órgano.
  https://www.youtube.com/watch?v=sKAfgYJen6E.

Para seguir leyendo

Un libro que me impresionó cuando era un joven estudiante y que arroja luz sobre los vínculos entre la música y la medicina:

- L'Échevin, Patrick, *Musique et médecine*, París, Éditions Stock, 1981.

Toda la aventura de la música y la medicina contada con todo lujo de detalles:

- Pinet, Patrice, *Les musiciens, la maladie et la médecine. De Guillaume de Machaut à Béla Bartók*, París, Éditions L'Harmattan, 2017.

Musicoterapia: una puerta que se abre

Para escuchar

- *Musical Minds*, documental de NOVA sobre el libro *Musicofilia* de Oliver Sacks, Public Broadcasting Service (PBS), 2009.
  https://?v=hRFI_kSSGr4.
- Rossato-Bennett, Michael, *Alive Inside: A Story of Music and Memory*, Projector Media y The Shelley and Donald Rubin Foundation, 2014.
  http://www.aliveinside.us/#alive-inside-theater.

Para seguir leyendo

El libro que desató una oleada de popularidad para la musicoterapia:

- Sacks, Oliver, *Musicofilia*, Barcelona, Anagrama, 2009.

Una lectura de referencia sobre el tema:

- Forestier, Richard, *Tout savoir sur la musicothérapie*, Lausana, Éditions Favre, 2011.

Un libro de un reconocido musicoterapeuta quebequense:

- Vaillancourt, Guylaine, *Música y musicoterapia. Su importancia en el desarrollo infantil*. Madrid, Narcea, 2009.

La música en los genes

Para escuchar
- *Introduction à l'épigénétique,* webdocumental, Neuroacademia Production, Big Brand Brain Creative Media, 2016. https://?v=jJygChR_QPc&list=PLQHtj1tT3oXpaWdpPfajZsegJwBR61YGh.

Para seguir leyendo
Un libro sobre las dificultades y esperanzas de conseguir una genética de la música:
- Donin, Nicolas, *La musique, objet génétique non identifié,* París, Armand Colin, 2015.

Para comprender mejor la epigenética y su influencia:
- Carey, Nessa, *La revolución epigenética. De cómo la biología moderna está reescribiendo nuestra comprensión de la genética, la enfermedad y la herencia.* Madrid, Ediciones de Intervención Cultural, 2013.

Los animales y la música

Para escuchar
Dos obras inspiradas en cantos animales:
- Camille Saint-Saëns, compositor; Kammermusikfest Lockenhaus, interpretación, *El carnaval de los animales,* 2014. https://www.youtube.com/watch?v=9EQ6tSG-G8O0&ab_channel=KammermusikfestLockenhaus.
- Olivier Messiaen, compositor; Yvonne Loriod, piano, *Le Merle bleu, Catalogue d'oiseaux, Livre 1.* https://?v=gq-nnAjLIxc.

Un festival para la vista y el oído, protagonizado por animales:
- La cacatúa Snowball bailando. https://www.youtube.com/watch?v=N7IZmRnAo6s.
- Roger Payne, *Songs of the Humpback Whale.* https://www.youtube.com/watch?v=sjkxUA041nM.

- Jon Sakata, *Do birdsongs and human speech share biological roots?*, Montreal, Universidad McGill, 2017. https://www.youtube.com/watch?v=heMy6dlWvkQ.
- David Rothenberg tocando el clarinete con animales. https://www.youtube.com/watch?v=egZrPZQjqSw. https://www.youtube.com/watch?v=2wAgIRwq1Qk.

El futuro del cerebro musical: de los cíborgs a la inteligencia artificial

Para escuchar
- Estreno mundial de la obra sinfónica *Iamus*, compuesta por el ordenador Iamus, José Luis Estellés, director, Orquesta Filarmónica de Málaga, 2013. https://www.youtube.com/watch?v=PzrcoqpnZqA.
- *Colossus*, obra para piano solo, compuesta por el ordenador Iamus, Gustavo Díaz-Jerez, piano, 2012. https://www.youtube.com/watch?v=yGrzzZupYVI.
- Harbisson, Neil, *I listen to color*, TED Talks, 2012. https://www.youtube.com/watch?v=ygRNoieAnzI.
- *Daddy's Car*, compuesto por inteligencia artificial, Sony CSL Research Lab. https://www.youtube.com/watch?v=LSHZ_b05W7o.

Para seguir leyendo
Para quienes quieran comprender parte de la revolución musical del siglo xx:
- Schaeffer, Pierre, *À la recherche d'une musique concrète*, París, Éditions du Seuil, 1952.
- Schaeffer, Pierre, *Tratado de los objetos musicales*, Madrid, Alianza Editorial, 1996.
Un libro que explora la llegada y el impacto de la robotización y la inteligencia artificial:
- Devillers, Laurence, *Des robots et des hommes*, París, Éditions Plon, 2017.

Bibliografía

Beaty, Roger, «The neuroscience of musical improvisation», *Neuroscience and Biobehavioral Reviews*, Ámsterdam, Éditeur Elsevier, 2015. https://S0149763415000068?via%3Dihub.

Boulez, Pierre; Changeux, Jean-Pierre y Manoury, Philippe, *Les neurones enchantés. Le cerveau et la musique*, París, Éditions Odile Jacob, 2014. *[Las neuronas encantadas. El cerebro y la música*, trad. Silvia Labado, Gedisa (Barcelona: 2016)].

Bradt, Joke; Dileo, Cheryl y Potvin, Noah, *Music for stress and anxiety reduction in coronary heart disease patients*, The Cochrane Database of Systematic Reviews, 2013. doi: 10.1002/14651858.CD006577. pub3.PMID24374731.

Burton, Robert, *A Skeptic's Guide to the Mind: What Neuroscience Can and Cannot Tell Us About Ourselves*, Stuttgart, St. Martin's Griffin, 2014.

Campo, Pierre, *L'audition*, Plombières-les-Bains, Éditions Ex Aequo, 2016.

Carey, Nessa, *The Epigenetics Revolution: How Modern Biology is Rewriting Our Understanding of Genetics, Disease and Inheritance*, Londres, Icon Books, 2012. *[La revolución epigenética. De cómo la biología moderna está reescribiendo nuestra comprensión de la genética, la enfermedad y la herencia*, trad. Josep Sarret grau, Ediciones de Intervención Cultural (Madrid, 2013)].

Darwin, Charles, *La descendance de l'homme et la sélection sexuelle.* Tome 1 et 2, París, Hachette Livre BNF, 2012. *[El origen del hombre y la selección en relación al sexo*, trad. M. J. Barroso-Bonzón, Catarata, (Madrid: 2019)].

Devillers, Laurence, *Des robots et des hommes*, París, Éditions Plon, 2017.

Donin, Nicolas, *La musique, objet génétique non identifié?*, París, Armand Colin, 2015.

Eklund, Anders; Nichols, Thomas E. y Knutsson, Hans, Washington, Proceedings of the National Academy of Sciences, 2016. https://www.ncbi.nlm. nih.gov/pmc/articles/PMC4948312/.

Eustache, Francis; Lechevalier, Bernard y Platel, Hervé, *Le cerveau musicien*, París, Éditions De Boeck Supérieur, 2010.

Forestier, Richard, *Tout savoir sur la musicothérapie*, Lausana, Éditions Favre, 2011.

Gold, Christian; Voracek, Martin y Wigram, Tony, «Effects of music therapy for children and adolescents with psychopathology: a meta-analysis», *Journal of Child Psychology and Psychiatry*, 2004, vol. 45, pp. 1054-1063.

Gold, Christian; Voracek, Martin y Wigram, Tony, «Predictors of change in music therapy with children and adolescents: the role of therapeutic techniques», *Psychology and Psychotherapy: Theory, Research and Practice*, vol. 80: pp. 577-589, 2007.

Gould, Stephen Jay, *Comme les huit doigts de la main. Réflexions sur l'histoire naturelle*, París, Éditions Points Sciences, 2000. *[Ocho cerditos: Reflexiones sobre historia natural*, trad. Oriol Canals Casacuberta, Crítica (Barcelona: 2018)].

Grzybowski, Andrzej y Sak, Jaroslaw, «Antonio Scarpa (1752-1832)», *Journal of Neurology*, Springer, 2013. https://www.ncbi.nlm.nih.gov/pmc/articles/PMC3566389/.

Hachmeister, Jorge E., «An abbreviated history of the ear: from Renaissance to present», New Haven, *Yale Journal of Biology and Medicine*, 2003. https://www.ncbi.nlm.nih.gov/pmc/articles/PMC2582694/.

Helmhotlz, Hermann von, *On the sensation of tone as a physiological basis for the theory of music*, Londres, Longmans, Green and Co., 1885.

Jacquemard, Simonne, *Pythagore et l'harmonie des sphères*, París, Éditions du Seuil, 2004.

Jankélévitch, Vladimir, *La musique et l'ineffable*, París, Éditions Points, 2015. *[La música y lo inefable*, trad. Rosa Rius I Gatell y Ramón Andrés González-Cobo, Alpha Decay (Barcelona: 2005)].

Kepler, Jean, *L'Harmonie du monde*, París, Éditions Albert Blanchard, 2000.

Kepler, Johannes, *Harmonices mundi*, 1619. (Libro digitalizado en línea). https://books.google.ca/books/about/Harmonices_mundi_libri_V.html?id=ZLlCAAAAcAAJ&redir_esc=y.

Kepler, Johannes, *The Harmony of the World*, American Philosophical Society, 1997. (Libro digitalizado en línea). https://books.google.fr/books?id=rEkLAAAAIAAJ&pg=PA411&redir_esc=y&hl=fr#v=onepage&q&f=false.

Koyré, Alexandre, *La révolution astronomique: Copernic, Kepler, Borelli*, París, Éditions Les Belles Lettres, 2016.

L'Échevin, Patrick, *Musique et médecine*, París, Éditions Stock, 1981.

Lemarquis, Pierre, *Sérénade pour un cerveau musicien*, París, Éditions Odile Jacob, 2009.

Lévine, Claude-Samuel y Vauclair, Sylvie, *La nouvelle musique des sphères*, París, Éditions Odile Jacob, 2013.

Levitin, Daniel J., *De la note au cerveau*, Montréal, Éditions de l'Homme, 2010.

Levitin, Daniel J. *This is Your Brain on Music: The Science of a Human Obsession*, Nueva York, Dutton, Penguin Group, 2006. *[Tu cerebro y la música*, trad. José Manuel Álvarez Flórez, RBA Libros (Barcelona: 2018)].

Magee, Wendy L.; Clark, Imogen N.; Tamplin, Jeanette y Bradt, Joke, *Music interventions for acquired brain injury*, The Cochrane Database of Systematic Reviews, 2017. doi: 10.1002/14651858. CD006787.pub3.ISSN1469-493X.PMID28103638.

Miendlarzewska, Ewa A. y Trost, Wiebke J., «How musical training affects cognitive development: rhythm, reward and other modulating variables», Frontiers in Neuroscience, 2013. doi: 10.3389/fnins.2013.00279.

Mithen, Steven, *The Singing Neanderthals: The Origins of Music, Language, Mind, and Body*, Cambridge, MA, Harvard University Press, 2007. *[Los neandertales cantaban rap. Los orígenes de la música y el lenguaje*, trad. Gonzalo G. Djembé, Crítica (Barcelona: 2007)].

Patel, Aniruddh D., *Music, Language, and the Brain*, Oxford, Oxford University Press, 2010.

Patel, Aniruddh D., «Why Would Musical Training Benefit the Neural Encoding of Speech? The OPERA Hypothesis», *Frontiers in Psychology*, 2011. https://dx.doi.org/10.3389%2Ffpsyg.2011.00142.

Peretz, Isabelle y Zatorre, Robert J., *The Cognitive Neuroscience of Music*, Oxford, Oxford University Press, 2003.

Peretz, Isabelle *et al.*, *Without it no music: cognition, biology and evolution of musicality*, Londres, The Royal Society Publishing, Philosophical Transactions B, 2015. https://dx.doi.org/10.1098%-2Frstb.2014.0088.

Pinet, Patrice, *Les musiciens, la maladie et la médecine. De Guillaume de Machaut* à *Béla Bartók*, París, Éditions L'Harmattan, 2017.

Platon, *La République*, París, Garnier Flammarion, 2002. *[La República o el Estado*, trad. Patricio de Azcárate Corral, Austral (Barcelona: 2011)].

Raulin Cerceau, Florence, *La recherche de vie extraterrestre*, Toulouse, Uppr Éditeur, 2016.

Sacks, Oliver, *Musicophilia. La musique, le cerveau et nous*, París, Éditions du Seuil, 2009. *[Musicofilia*, trad. Damià Alou, Anagrama (Barcelona: 2009)].

Sagan, Carl, *Contact*, París, Éditions Pocket, 1997. *[Contacto*, Plaza & Janés [Barcelona: 1998]).

Sagan, Carl, *Cosmos*, Villeneuve-Loubet, Éditions Sélect, 1981. *[Cosmos*, Planeta [Barcelona: 2004]).

Satel, Sally y Lilienfeld, Scott O., *Brainwashed: The Seductive Appeal of Mindless Neuroscience*, Nueva York, Basic Books, 2015.

Schaeffer, Pierre. À la recherche d'une musique concrète, París, Éditions du Seuil, 1952.

Schaeffer, Pierre, *Traité des objets musicaux*, París, Éditions du Seuil, 1966. *[Tratado de los objetos musicales,* trad. Araceli Cabezón de Diego, Alianza Editorial (Madrid: 1996)].

Schyff, Dylan van der, Schiavio, Andrea, «Evolutionary Musicology Meets Embodied Cognition: Biocultural Coevolution and the Enactive Origins of Human Musicality», *Frontiers in Neuroscience*, 2017. https://doi.org/10.3389/fnins.2017.00519.

Self, Michelle, *Extraordinary Gifts, Unique Challenges: Williams Syndrome*, North Charleston, CreateSpace, 2014.

Tammet, Daniel, *Je suis né un jour bleu*, París, Éditions J'ai lu, 2009. *[Nacido en un día azul,* trad. Miguel Portillo, Blackie Books (Barcelona: 2018)].

Tomlinson, Gary, *A Million Years of Music: The Emergence of Human Modernity*, Brooklyn, Zone Books, 2015.

Vaillancourt, Guylaine, *Musique, musicothérapie et développement de l'enfant*, Montreal, Éditions de l'Hôpital Sainte-Justine, 2005. *[Música y musicoterapia. Su importancia en el desarrollo infantil*, trad. Pablo Manzano Bernárdez, Narcea (Madrid: 2009)].

Vergnon, Laurent, *L'audition dans le chaos*, París, Éditions Masson, 2008.

Zatorre, Robert J. y Salimpoor, Valorie N., *From perception to pleasure: Music and its neural substrates*, Proceedings of the National Academy of Sciences 2013. https://dx.doi.org/10.1073%2Fpnas.1301228110.

Ático de los Libros le agradece la atención
dedicada a *El cerebro musical,* de Michel Rochon.
Esperamos que haya disfrutado de la lectura
y le invitamos a visitarnos
en www.aticodeloslibros.com,
donde encontrará más información
sobre nuestras publicaciones.

Si lo desea, puede también seguirnos
a través de Facebook, Twitter o Instagram y suscribirse a
nuestro boletín utilizando su teléfono móvil
para leer los siguientes códigos QR: